봄날은 간다

- 역易 철학을 중심으로 -

시詩로 보는 계절과 인생론

봄날은 간다
역易 철학을 중심으로

초판 1쇄 인쇄일 2017년 02월 06일
초판 1쇄 발행일 2017년 02월 21일

지은이 최대식
펴낸이 양옥매
디자인 황순하
교　정 임수연

펴낸곳 도서출판 책과나무
출판등록 제2012-000376
주소 서울특별시 마포구 방울내로 79 이노빌딩 302호
대표전화 02.372.1537　**팩스** 02.372.1538
이메일 booknamu2007@naver.com
홈페이지 www.booknamu.com
ISBN 979-11-5776-372-6(03100)

이 도서의 국립중앙도서관 출판시도서목록(CIP)은 서지정보유통지원 시스템
홈페이지(http://seoji.nl.go.kr)와 국가자료공동목록시스템
(http://www.nl.go.kr/kolisnet)에서 이용하실 수 있습니다.
(CIP제어번호 : CIP2017002244)

시詩로 보는 계절과 인생론

봄날은 간다

최대식

역易 철학을 중심으로

이 책의 표기 사항에 대하여

1. 본문에서 인용한 시의 전문은 '한국문예학술 저작권 협의회'와 출판권
   을 가진 출판사를 통해 저작권자의 동의를 얻어 게재하였습니다. 출
   간 당시 저작권자를 알 수 없거나 저작권자에게 연락을 할 수 없어 게
   재 동의를 받지 못 한 작품은 장애 요인이 해소되는 대로 관련 동의를
   받도록 하겠습니다.

2. 본문에서 참조하거나 인용한 책자와 논문, 신문기사 등은 본 책 말미
   의 '참고 문헌 목록'에서 본문 중 관련 내용에 부기한 번호 순서대로 그
   출처를 명기하였습니다.

3. 본문에서 인용한 그림의 경우도 위와 같습니다.

책을 내면서

해마다 봄이 오면 신문 지면은 세월, 인생, 꽃과 나무 등에 관한 아름다운 글과 시들로 넘쳐납니다. 나도 쓸 수 있을 글들일 터인데 다른 사람들이 먼저 다 써버리는 것 같아서 억울하다는, 터무니없는 생각을 합니다.

올봄 또한 그렇게 보내기 전에, 심중의 말은 남겨야겠다는 생각으로 책을 냅니다.

아래 시 「봄날 가는데」는 이 책의 본문을 압축한 것입니다.

'나무와 흙이 만나면 合을 하기 전에 刑을 한다'

내 말이 거짓말 같으면 동맥처럼
뒤엉킨 나무뿌리를 볼 일이다

한줌 흙 틀어쥐기 위하여 얼마나 몸부림쳐야 했는가를

그래도 믿지 못할 양이면 오월 햇살 아래

정맥처럼 뒤엉켜

시퍼렇게 멍들어 가는 잎사귀에 귀 기울여 볼 일이다

지난 세월을 속살째 드러내고 빈 하늘을 향해 신음하는 소리를

'나는 이런 나무가 싫다'

봄날은 저만치 가고 있는데……

- 고운

   거꾸로 말하면 이 책의 본문은 위 시를 풀어 쓴 것이라고 할 수 있습니다.

2017 정유년 봄,   고운 최 대 식 드림

제
2
편

제
2
편

1편

역易으로 보는 계절과 시

계절에 대한
역 철학적 이해

1.

음양 철학의
원천으로서의 자연

| 무위자연의 원상 |

음양철학은 원래 양달과 응달을 가리키는 것에서 출발한 자연학적 음양현상이 유위문명(有爲文明) 내지 문화적(文化的) 현상으로 진화하여 추상화된 개념체계이다. 그러므로 음양철학의 원천(源泉)은 지구가 태양의 주위를 자전하고 공전하는 중에 생성되는 차갑고(음陰 : 수축) 따뜻한(양陽 : 확산) 기운의 양상이다. 음 기운은 태양이 졌을 때(즉, 밤)의 자연적 기운의 총체적 양상을 말하고, 양 기운은 태양이 떴을 때(즉, 낮)의 자연적 기운의 총체적 양상을 말한다.[1]

자연계(自然界)에 펼쳐지는 음과 양의 현상은 우주의 이법(理法)인 도(道)를 구현함에 다름 아니다. 우주는 도(道)로써 그 속성을 드러내고 도는 음양의 이치로 구현된다. 이는 우주자연의 원상(原象)이 음양의 이치로 나타남을 의미한다. 그러므로 노자는 "도는 자연을 본뜬다(道法自然도법자연 『노자』 25장)."고 하였다. 이때의 자연은 무위자연(無

시 詩로 보는 계절과 인생론
봄날은 간다 – 역易 철학을 중심으로

爲自然)으로서, 무위(無爲)란 아무 것도 하지 않는 것이 아니라 일부러 하지 아니함으로써 그가 지닌 바탕에서 떠나지 않는 것을 의미한다. 결국 무위자연이란 자연의 본래적 바탕에서 떠나지 않은, 우주 본래의 이법(理法)을 그대로 지닌 원상(原象)으로서의 자연을 말한다.

광대무변의 우주에서 지구와 달이 태양을 중심으로 자전과 공전을 반복하면서 나타나는 무위자연(無爲自然)의 원상은, 하루 중에는 낮과 밤의 교체로, 그리고 일 년 중에는 춘하추동 사계절의 변화로 나타난다. 이를 두고『주역』은 "역易의 이치는 천지의 변화를 모두 포괄하여 그 범위를 벗어나지 아니하며, 사물을 곡진히 이루어서 하나도 빠뜨리지 않되, 이를 낮과 밤의 도를 통해서 안다." 라고 하였다.[2]

| 태음태양력의 원리 |
   – 해의 황도(黃道) 상 위치변화와 달의 백도(白道) 상 모양변화.

이러한 자연의 음양 현상은 고대 문명사회에서 낮과 밤의 교체로 하루(日)가 지나고 춘하추동 4계의 변천으로 해(年)가 바뀜을 알게 하

---

* 晝夜之道(주야지도)
   易理(역리), 範圍天地之化而不過(범위천지지화이불과), 曲成萬物而不遺(곡성만물이
   불유), 通乎晝夜之道而知(통호주야지도이지)『주역』「계사상전」제4장

는 역법(曆法)으로 구체화되었다. 동아시아인들의 전통적 역법인 태음태양력은 달의 모양변화인 삭망(朔望 : 초하루와 보름)을 충실히 따르면서 가끔 윤달을 넣어 해의 위치변화인 24절기(節氣)에 맞추는 것을 기본원리로 한다. 24절기는 태양의 움직임을 반영한다는 점에서 양력 성분이지만 24절기가 사용되는 역법 자체는 달의 모양 변화를 따르므로 음력 성격이다. 계절의 변화에 따르는 농사가 주요 생산 방법이었던 고대 동아시아인들에게 날의 바뀜은 달의 모양변화로 알고, 농사의 때는 절기에 맞추는 태음태양력은 대단히 유용하였다.

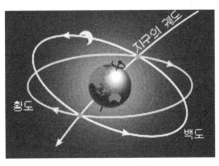

〈그림 1〉 황도와 백도

우리가 평상시 바라보는 하늘(天空)을 지구 상의 관측자를 중심으로 구형(球形)으로 간주하여 천구(天球)라 할 때, 천구 상에 해가 그리는 궤적을 황도(黃道)라 하고, 달이 그리는 궤적을 백도(白道)라 한다. 백도는 황도와 약 5도(五度) 8분(八分) 정도의 경사각(傾斜角)을 이루고 있다.

해는 황도를 따라 이동하며, 위치이동으로 인한 계절변화를 만들어 년(年)의 바뀜을 알게 한다. 태음태양력의 24절기는 황도 상에 일정한 간격으로 24점을 정하고 각각 이름을 붙인 것이다. 이 중 2지(二至 : 하지와 동지)와 2분(二分 : 춘분과 추분)은 음양소장(陰陽消長)의 전환점이 되므로 이들을 특별히 4정(四正)이라고 한다.

황도 상에 24점을 정하는 방법으로는 평기법(平氣法)과 정기법(定氣法)이 있다. 평기법은 1회귀년(回歸年 : 해가 춘분점을 출발해서 다시 춘분점으로 돌아오는 시간)의 일수(日數)를 24등분한 것으로 해의 운행속도가 연중 일정하다는 가정에 근거한 것이지만 실제와 맞지 않았다. 한(漢) 무제(武帝)가 태초원년(太初元年, B.C.104)에 지은 태초력(太初曆) 이래 중국 대다수의 역법이 평기법을 채택하였다. 우리의 경우 세종(世宗) 24년(1442년)에 이순지(李純之)와 김담(金淡) 등이 왕명을 받아 중국 원(元)의 수시력법(授時曆法)과 명(明)의 통궤역법(通軌曆法)을 참작하여 칠정산(七政算)을 만들었는데 역시 평기법에 근거한 것이다.

정기법은 황도 상의 동지점을 기점(起點)으로 해가 동쪽으로 15° 간격으로 이동할 때마다 절기를 정하는 방법(15°x 24절기= 360°)이다. 이 경우 해가 각 기(氣)를 지나는 동안의 시간은 장단(長短)이 있게 된다. 그이유는 지구의 공전궤도는 원이 아닌 타원 모양이어서 공전궤도 상위치에 따라 지구가 태양으로부터 받는 중력의 영향이 달라져 이에 따르는 공전속도의 차이가 발생하기 때문이다. 즉 한반도가 속한 지구의 북반구가 여름일 때에는 지구가 태양에서 멀어지므로 공전속도가 느려진다. 반대로 겨울에는 지구가 여름보다 해에 더욱 근접하게 되고 이때 지구의 공전속도는 해의 중력에 영향을 받아 빨라진다.

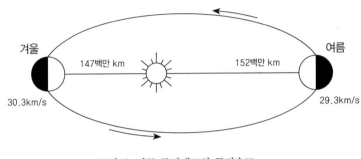

겨울   147백만 km   152백만 km   여름
30.3km/s   29.3km/s

〈그림 2〉 지구 공전괘도와 공전속도

정기법은 명대(明代, 1368~1644) 말기에 만들어져 청대(淸代, 1636~1912) 초기인 1645년부터 채택된 시헌력(時憲曆)에서 사용되었다. 우리의 경우 1653년(조선 효종 4년) 이후 1910년까지 쓰인 역법이기도 하다.

반면, 백도를 따라 이동하는 달은 차고 기우는 삭망 현상으로 인한 모양변화를 만들어 월(月)의 바뀜을 깨닫도록 한다.

달의 배경이 되는 항성(恒星)을 기준으로 천구 상의 달 위치를 관찰하면 달은 동쪽으로 매일 약 13°씩 이동함을 알 수 있다. 따라서 달이 동쪽 지평선에서 올라오는 시간은 매일 약 52분(60분 x 13°/15°)씩 늦어진다. 달이 동쪽 방향으로 조금씩 이동하므로 지구에서 볼 때 해와 달이 이루는 이각(離角 : 지구의 관측자가 볼 때 태양과 어느 천체가 이루는 각)은 0°에서 360°까지 변한다.

이각이 0°일 때 달은 해와 같은 방향에 있다. 이때 달이 지구를 향하는 쪽은 햇빛을 받지 않으므로 지구에서는 달을 볼 수가 없게 된다. 즉, 삭(朔)이 된다. 반대로 달과 해가 지구를 중심으로 서로 반대 방향에 있을 때, 즉 이각이 180°일 때에는 지구 쪽을 향한 달의 반면(半面)이 햇빛을 반사해 동그랗게 보인다. 즉 망(望 : 보름달)이 된다. 상현(上弦 : 달의 활 모양의 현이 위쪽을 향함)과 하현(下弦 : 활의 현을 엎어놓은 것 같은 모양의 달)은 이각(離角)이 각각 90°와 270°가 될 때의 달 모양을 말한다. 동쪽으로 매일 13°씩 이동하는 달은 약 27.32일 후에는 원래의 위치로 돌아온다. 이 주기를 항성월(恒星月)이라 한다. 백도는 항성월 동안 달이 천구 상에 그리는 궤적을 말한다.[3]

또한 해의 주위를 일정한 궤도를 따라 공전하는 지구는 서에서 동으로 자전하면서 낮과 밤을 만들어 하루(日)의 바뀜을 일러 준다. 즉 지구는 북극에서 봤을 때 시계 반대방향으로, 한 시간에 15도씩 자전한다. 이에 따라 지구의 자전은 지구 상에 사는 우리에게는 해가 동쪽 지평선에서 떠올라 일정시간 동안 하늘을 가로질러 횡단한 뒤 서쪽 지평선 아래로 사라지는 것처럼 보인다.

| 계절변화의 원리 |

지구의 계절이 변화하는 근본원인은 태양을 중심으로 한 지구의 공전운동에서 지구의 자전축이 지구가 공전하는 궤도면의 수직한 방향에 대하여 23.5° 기울어져 있기 때문이다. 이로 인해 지구의 공전 중에 지구와 태양이 이루는 각도가 달라져 지구의 표면 즉 지표면에 도달하는 태양 복사에너지의 양이 달라진다.

지표면이 받는 태양 복사에너지의 양을 결정하는 가장 중요한 요소는 태양고도와 일조시간이다. 태양고도가 높아지면 지표의 단위 면적 당 받는 복사에너지의 양이 많아지고, 일조시간이 길어지면 이들 에너지를 받아들이는 시간 또한 길어진다. 그런데 태양고도는 태양이 지구와 수직일 때 가장 높아진다. 또 이때 일조시간도 가장 길어지는데, 이는 태양이 가장 높은 곳에 위치해 있으므로 지는 시간 또한 가장 길어지기 때문이다.

자전축이 기운 지구에서 볼 때 태양은 북위 23.5°(이를 '북회귀선'이라 한다.)에서 남위 23.5°(이를 '남회귀선'이라 한다.) 사이를 오르내린다. 이때 적도 위를 오르내리는 각도는 태양의 적위(赤緯, declination, δ) 값이 된다. 따라서 태양의 적위(δ)는 북위 23.5°에서 남위 23.5° 사이로 변한다.

시 詩로 보는 계절과 인생론
봄날은 간다 - 역易 철학을 중심으로

만일 궤도면이 기울어지지 않은 상태에서 지구가 자전하며 공전을 한다면 계절에 관계없이 태양의 적위는 항상 적도 바로 위, 즉 0°가 된다. 그러나 지금과 같이 태양의 적위(δ)가 변하면 지구가 자전할 때 한 지면에서 보이는 태양의 위치가 변한다.

즉, 지구의 자전축이 약 23.5°기울어져 있기 때문에 태양이 적도 위쪽인 23.5°에 가 있는 때 가장 고도가 높아져 하짓날이 된다. 이때는 북위 23.5°(북회귀선) 상에 위치하는 나라에서는 태양이 한낮에는 바로 머리 위(고도 90°, 즉 수직)에 있게 된다. 그러나 우리나라는 북위로, 23.5°보다 더 위쪽인 38°정도에 위치해 있다. 그러므로 이때 태양의 고도는 일 년 중 가장 높지만 우리가 볼 때 태양의 위치는 약간 남쪽에 있게 된다(이러한 이유로 우리나라에서도 남쪽지방인 제주도에서는 하지 때 태양의 고도가 북쪽지방인 서울에서보다 높다.). 그러므로 서울을 비롯한 우리나라 북쪽지방의 경우 태양의 남중고도가 가장 높은 날이 하짓날이 된다. 반대로 태양이 적도 아래쪽인 남위 23.5°(남회귀선)에 가 있는 때에는, 지구 북반구에 사는 우리가 볼 때, 태양의 고도는 가장 낮아져 동짓날이 된다. 요약하면 지구는 기울어진 자전축으로 인해 북반구와 남반구의 계절 흐름은 반대가 되고 중위도 지역은 사계절이 뚜렷하나 적도를 포함한 저위도 지역은 계절변화가 없게 되는 것이다.

계절이 변하는 또 하나의 원인인 일조시간의 경우, 우리나라는 하지가 있는 6월이 태양의 고도가 가장 높아 일조시간이 가장 길다. 그러나 실제로 가장 더운 때는 하지보다 1~2개월 정도 뒤이다. 이러한 시간차가 발생하는 이유는 태양에너지가 대기를 직접 따뜻하게 하는 것이 아니라, 우선 태양에너지를 받아들이는 지표면을 따뜻하게 하고, 따뜻해진 지표면 등에서 열이 복사되어 대기가 따뜻해지기 때문이다. 반면 동지가 있는 12월이 태양의 고도가 가장 낮고 일조시간 또한 가장 짧지만 지표면이 식는 데에 시간이 걸리므로 평균온도가 가장 낮을 때는 1월이 된다.

춘분과 추분은 태양이 적도 위에 있는 날을 말한다. 이때의 태양 적위는 0°가 된다. 이날에는 태양이 정 동쪽에서 뜨기 때문에 천구 위를 완전히 반원을 그리며 지나간다. 이 때문에 낮과 밤의 길이가 같아진다. 그러나 춘분에서 하지로 갈수록 태양이 지평선에서 떠오르는 위치가 북쪽으로 이동하면서 천구를 지나는 경로의 중심각이 180°보다 커지기 때문에 낮의 길이가 점차 길어진다. 반대로 추분에서 동지로 갈수록 태양이 지평선에서 떠오르는 위치가 남쪽으로 이동하면서 낮의 길이가 점차 짧아진다. 낮의 길이가 길어질수록 지표면에 태양에너지를 받는 일조시간이 길어지기 때문에 태양의 복사에너지가 증가하여 일(日) 평균 기온이 올라간다. 반면에 낮의 길이가 짧아질수록 일조시간이 줄어들어 받는 에너지양도 감소하여 일평균 기온이 낮아진다.[4]

시 詩로 보는 계절과 인생론
봄날은 간다 – 역易 철학을 중심으로

| 태양의 역할 |

태양은 전기적 속성을 지닌 플라즈마 상태[*]의 수소가스 덩어리다. 이들 수소가스가 엄청난 고온·고압 상태에서 서로 충돌하고 합쳐져 생기는 에너지가 지구가 속한 태양계(태양을 기준으로 순서대로 나열하면 수성·금성·지구·화성·목성·토성·천왕성·해왕성이다. 그리고 이들 행성을 도는 다수의 위성이 있다.)를 살아 움직이게 하는 힘의 원천이다. 지구는 태양이 생성하는 전체 에너지 중에서 불과 22억분의 1 가량을 빛으로 받아 우주의 이법(理法)에 따른 음양의 원리로 만물을 만들어 무량(無量)한 우주의 운동에 동참한다.

그러나 우주는 태양이 주는 에너지가 무궁무진하다고 하여 이 에너지를 결코 함부로 쓰지 않는다. 태양은 그의 에너지를 빛의 형태로 실어 나른다. 우주만물은 시공에 따른 변화를 겪지만 빛에너지의 속도는 어디에서든 일정하여 우주 변화의 상수(常數) 역할을 한다. 빛의 상수성은 진공에서는 가장 빠른 길인 직진으로 최단 시간 내 이동하여 에너지의 소비를 최소화하기 때문에 가능하다. 이처럼 빛은 가장 합리적인 움직임으로 에너지의 효율을 극대화함으로써 에

---

[*] 플라즈마(plasma)는 전리기체(電離氣體), 즉 물질의 최소단위인 원자의 구성요소인 원자핵과 전자가 분리된 가스 상태로서, 흔히 일반적인 물질 상태인 고체·액체·기체 외의 제4의 물질 상태로 일컬어진다.

너지를 보존하고자 하는 우주의 이법(理法)을 충실히 따른다.

지구에서 생을 영위하는 인간이 음양의 이치를 파악하는 첫걸음은 이와 같은 태양의 위치변화와 달의 모양변화에서 형성되는 춘하추동 사계절의 변화 원리와 지구의 자전으로 하루 중 나타나는 낮과 밤의 이치를 파악하는 것이다.

2.

사상四象으로 보는
사계절의 원상原象

우리는 여기에서 사계절의 변화가 음양의 이치로 어떻게 구현되는지를 살펴 보겠다.

| 태극 · 양의 · 사상 · 팔괘의 기본개념 |

『주역』「 계사상전 」 제11장에 "이런 까닭으로 역에 태극이 있으니, 이것이 양의를 내고, 양의는 사상을 내고, 사상은 팔괘를 내니, 팔괘는 길흉을 정하고 길흉은 대업을 만든다(是故易有太極시고역유태극, 是生兩儀시생양의, 兩儀生四象양의생사상, 四象生八卦사상생팔괘, 八卦定吉凶팔괘정길흉, 吉凶生大業길흉생대업)."라는 문장이 있다. 이는 자연의 생성이치를 음과 양의 이진법으로 나타낸 대표적인 문장이다. 즉 태극은 $2^0 (=1)$, 양의는 2^1, 사상은 2^2, 팔괘는 2^3으로 나간다. 주역의 64괘는 2^3이 2^4, 2^5를 거쳐 음양 변화의 6단계인 2^6에 이른 것이다.

여기서 태극(太極)은 근원성과 전체성을 지닌 근본을 이른다. 양의(兩

儀)란 두 가지 기운의 양상이란 뜻으로, 태극에 내재된 두 가지 기본 속성인 음의 기운과 양의 기운을 말한다. 사상(四象)은 네 가지 상(象)을 가리키며, 음양 보다는 구체화되었지만, 아직 물상화(物象化) 내지 현상화(現象化)에는 이르지 못한 기운의 상태다. 반면 팔괘(八卦)는 음양의 기운이 마침내 여덟 가지의 유형으로 물상화 내지 현상화되어 나타난 것이다.[5]

| 사상의 형성 원리 |

▶ 근원적 음양과 현상적 음양

지구의 공전으로 나타나는 음양 작용은 근원적 음양과 현상적 음양으로 구분할 수 있다. 근원적 음양은 태극에 내재되어 있는 음양이고, 현상적 음양은 사람이 오감으로 느끼는 음양이다.

지구의 공전주기로 볼 때, 천지자연의 기운으로는 한겨울 동지(冬至)에 양(陽)기운이 생(生)하지만(一陽始生일양시생), 만물은 이 기운을 제대로 느끼지 못한다. 사람을 비롯한 만물이 양 기운을 오감으로 제대로 느낄 수 있는 것은 봄의 계절이 되는 춘분(春分)부터이다. 또한 한여름 하지(夏至)에 음(陰) 기운이 생(生)하지만(一陰始生일음시생), 만물은 이 기운을 제대로 느끼지 못한다. 사람을 비롯한 만물은 가을이 되는 추분(秋分) 이후부터 오감으로 그 음 기운을 제대로 느끼고 영향을 받게 된다.

이러한 인식의 차이에서 지구의 공전주기로 일어나는 음양 기운의 변화를 근원적 음양이라고 한다면, 사람이 비로소 감각하는 음양 기운의 변화를 현상적 음양이라고 할 수 있다. 사상은 이 둘의 차이에서 생긴다.[6]

▶ **지구의 공전운동과 사상**

그러므로 지구의 공전운동에서 나오는 네 가지 기운, 즉 사상은 다음과 같이 정리할 수 있다.

동지(음력 11월, 子月자월)부터 춘분(음력 2월, 卯月묘월) 전까지는 근원에는 양 기운이 있지만 현상에는 음 기운이 작용하고 있으며, 춘분 이후 하지(음력 5월, 午月오월)까지는 근원과 현상이 모두 양 기운이 된다.

하지 이후부터 추분(음력 8월, 酉月유월) 전까지는 근원에는 음 기운이 드리우고 있지만 현상에는 양 기운이 작용하고 있으며, 추분 이후부터 동지(음력 11월, 子月자월)까지는 근원과 현상이 모두 음 기운이 된다.

근원과 현상이 모두 양인 경우는 양 기운이 크게 작용하므로 태양(太陽)이라 하고, 근원과 현상이 모두 음인 경우는 음 기운이 크게 작용하므로 태음(太陰)이라고 한다.

한편 근원은 양이고 현상은 음인 경우와 반대로, 근원은 음이고 현상은 양인 경우에는 근원을 강조하느냐 아니면 현상을 강조하느냐에 따라 명칭이 달라진다.

우선 근원을 위주로 할 경우에는, 근원이 양이고 현상이 음인 상태를 소양(少陽)이라 하고, 근원이 음이고 현상이 양인 상태를 소음(少陰)이라 한다. 한편 현상을 위주로 할 경우에는, 근원이 양이고 현상이 음인 상태를 소음(少陰)이라 하고, 근원이 음이고 현상이 양인 상태를 소양(少陽)이라 한다. 즉 사상의 명칭에 있어서 소양이냐 소음이냐의 경우는 어느 입장에서 보느냐에 따라 달라진다. 우리는 현상을 위주로 하여 근원이 양이고 현상이 음인 경우에는 소음(少陰)이라 하고, 근원이 음이고 현상이 양인 경우를 소양(少陽)이라 부르고자 한다.[7] 즉, 성질은 아래의 것을 중심으로 판단하지만 이름은 위의 것을 중심으로 붙인다. 그래서 태양과 소음이 양이고, 소양과 태음은 음이다.

위의 내용을 표로 정리하면 다음과 같다.

일 년의 사상(四象)		기운의 양상		명칭과 괘상	
절기	12지지(음력)	근원	현상	명칭	괘상
동지-춘분 冬至-春分	자월(11월)-묘월(2월) 子月-卯月	양 陽	음 陰	소음 少陰	⚏
춘분-하지 春分-夏至	묘월(2월)-오월(5월) 卯月-午月	양 陽	양 陽	태양 太陽	⚌
하지-추분 夏至-秋分	오월(5월)-유월(8월) 午月-酉月	음 陰	양 陽	소양 少陽	⚎
추분-동지 秋分-冬至	유월(8월)-자월(11월) 酉月-子月	음 陰	음 陰	태음 太陰	⚏

표 1 절기와 사상

3.

오행으로 보는
사계절론

동아시아 전통 철학에서 오행설은 음양설과 더불어 핵심이다. 우주와 만물을 음양설에서는 陰음과 陽양의 기(氣)로 이등분하는 반면, 오행설에서는 木목, 火화, 土토, 金금, 水수 등, 다섯 가지 성질의 기적원소(氣的元素)로 나눈다.

본시 이들 음양과 오행은 생성연원과 성질이 다른 개념이었다. 지리적으로 음양은 노자의 출생지인 남방 초나라 문화권에서 성행하였고, 오행은 추연(騶衍, 생몰년 미상)이 살았던 해안의 제나라 문화권에서 주도적으로 연구되었다. 또한 그 성질에 있어서 음양은 우주론의 체계적 건립에 관심을 기울인 노장의 도가가 중시한 개념으로 추상적인 반면, 오행은 사실적인 물질세계를 설명하는 개념이어서 보다 구체적이다. 이들 간 융합은 전국시대 제나라 사람 추연에서 비롯되어 한나라 때 유학자 동중서(董仲舒, B.C.170?~120?)에 이르러 완성되었다고 한다.[8]

| 오행의 생성원리 |

오행설에서도 우주만물은 '음과 양'의 두 가지 근원적인 기(氣)에 의해 이루어졌다고 본다. 이러한 음양은 동(動)과 정(靜)으로 반복되는 태극(太極)의 기동(起動)작용으로부터 발생한다. 주돈이(周敦頤, 1017~1073)는 『태극도설』에서 태극이 동하여 양을 낳고 동함이 극도에 이르면 고요해져 음을 낳고, 고요함이 극도에 이르면 다시 동하여 양을 낳는다고 하였다. 즉 동과 정의 뒤바뀜에 따라 음과 양이 번갈아 순환적으로 생겨나는 것이다.

오행은 이러한 음기와 양기가 어우러져서 생성시킨 木·火·土·金·水 다섯 가지 기운의 양상이다. 이 오기(五氣)는 동·서·남·북과 중앙의 오방(五方)에서 일어나서 만물을 구성하는 원소가 된다.

오행은 안으로 수축하는 음기(陰氣)의 본성과 밖으로 팽창하는 양기의 본성이 맞물려 작용함으로써 생긴다. 만약 음기를 혼자 두어 수렴작용이 극에 달하거나, 양기를 혼자 두어 팽창작용이 극에 달하면 더 이상 기의 작용은 일어나지 않게 될 것이다. 이는 우주가 생명을 잃게 됨을 의미한다. 그러나 이 두 가지 상대적인 기운을 맞물려 놓으면 음기와 양기가 서로 밀고 당겨서 만물은 생명작용을 수행할 수 있게 된다.

오행은 수기(水氣)로부터 시작된다고 할 수 있는데 이는 기(氣)의 작용원리에서 비롯되는 성질 때문이다. 즉, 양 기운은 음 기운에 뿌리를 두고 일어나 펼쳐지고, 다시 음 기운이 이를 거두어들이므로 음기가 양기를 포위하고 있는 상태이다. 그런데 음 기운이 양 기운을 품은 상태가 바로 수기이다. 식물에서 씨앗을 수기의 상태로 비유하는데 이는 씨방이 핵을 품고 있는 씨앗의 상태가 수기와 같은 구조이기 때문이다.[9]

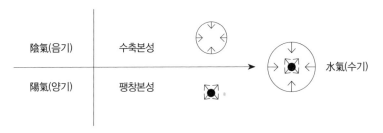

〈그림 3〉 수기(水氣)의 음양 작용

그러나 수기를 가만두면 음의 수축하는 기운과 양의 팽창하는 기운이 서로 상쇄하여 변화가 없게 된다. 그러므로 근원인 수기를 원운동시키면서 동·서·남 북 4 방위의 기운을 받게 하면 목·화·금·수의 변화가 일어나게 된다. 이 때 이들 네 가지 기운이 순조롭게 진행되도록 중재하는 기를 토기라 한다. 토기는 음과 양 어느 한 편에 속하지 않으며 음양의 바탕이 되는 본원적 기로서 중앙에 위치한다.

이로써 오행이 나타나는 것이다. 이것은 마치 지구가 태양을 중심으로 원운동을 하면서 봄 · 여름 · 가을 · 겨울의 변화를 나타내는 것과 같다.[10]

| 오행과 계절 |

음이 가장 왕성한 때를 겨울이라 하며, 양이 가장 왕성한 때를 여름이라 한다. 그리고 겨울과 여름 사이를 봄이라 하고, 여름과 겨울 사이를 가을이라 한다. 그러므로 겨울은 춥고 여름은 덥다. 또 봄은 따뜻하며, 가을은 서늘하다.

봄은 동, 여름은 남, 가을은 서, 겨울은 북의 기운이다. 봄이 동의 기운인 이유는 생명의 근원인 씨앗이 봄에 싹을 틔우는데 이는 햇빛이 주는 따사로움 때문이고 해는 동쪽에서 솟아오르기 때문이다. 또 겨울이 북의 기운인 이유는 북극권의 찬 공기가 내려와 추워지기 때문이다. 이처럼 봄의 동과 겨울의 북이 정해짐으로써 나머지 계절인 여름과 가을은 자연히 그 반대편 기운인 남과 서로 정해지게 되었다. 그리하여 가을과 겨울은 음기를 나타내며, 봄과 여름은 양기를 나타낸다. 그리고 이들 기운의 근원은 중앙에서 나온다. 그러므로 중앙의 기운은 회전력과 중재력의 바탕이 된다. 이 중앙의 기운이 토기(土氣)이다. 토기는 오행의 바탕이 되고, 원운동의 근원이 되는 기운체이다.

음기인 겨울의 수기가 가장 왕성할 때 양기가 생기기 시작한다(一陽始生). 이후 토기의 회전력을 받아 회전하게 되면 봄의 따뜻한 양기를 받아 봄의 목기(木氣)를 나타낸다. 봄의 목기가 또 다시 토기의 회전력을 받아 회전하게 되면 여름의 강한 양기를 받아 화기(火氣)를 나타낸다. 그리고 양기인 여름의 화기가 가장 왕성한 때에 이르렀을 때 음기가 생기기 시작(一陰始生)한다. 이후 여름의 화기는 회전하여 점차 음기를 받으며 가을의 금기(金氣)가 나타난다. 가을의 금기는 회전하여 겨울의 강한 음기를 받아 수기를 나타내면서 가장 왕성한 음기에 이르게 된다.

이와 같이 전 우주는 태극의 기동작용으로 원운동을 하며, 원운동에 의해 우주자연에는 반드시 이와 같은 네 가지 기운의 상태가 달리 나타나는 것이다.

이것은 마치 하나의 씨앗(水氣수기)이 싹을 틔우고(木氣목기), 무성하게 성장하며(火氣화기), 다 성장하고 나면 개화 호르몬이 나와서 더 이상의 성장을 멈추고 꽃을 피워서 암수가 교접하여 결실을 맺고(金氣금기), 다시 씨앗이 형성되는(水氣) 이치와 같다.[11]

| 사상과 오행의 상보성(相補性)* |

우주만물의 현상은 속성(屬性)과 작용(作用)으로 나눌 수 있다. 사상의 상(象)은 이미지(image)이고, 오행의 행(行)은 움직임(move)이다. 이미지는 형체로부터 나오고 움직임은 작용으로 연결된다. 형체를 보면 작용을 알 수 있고 작용을 유추하면 형체를 알 수 있다. 그러나 형체의 속성을 알기 위하여서는 사상의 관점으로 이해해야 쉽다. 반면 작용의 성질을 이해하기 위하여서는 오행의 관점으로 접근하는 것이 보다 빠르다.

오행은 음양으로 환산할 수 있는데, 木목·火화는 陽양, 金금 水수는 陰음, 土토는 음과 양의 중간에 해당한다. 음양론만으로도 우주만물의 법칙을 파악할 수는 있지만 오행론을 병행하면 만물의 작용을 보다 쉽고 빠르게 이해할 수 있다.

이러한 연유로 사상과 오행이 서로 유사하지만 병존할 필요성이 있다. 어느 하나도 소홀히 취급됨이 없이 양립함으로써 동아시아 철학 사상의 양대 지주 역할을 하고 있는 것이다.[12]

---

* 상보성은 서로 보충하는 관계에 있는 성질을 말한다. 가령 전자나 빛은 각각 입자성과 파동성을 동시에 지니고 있으며, 그 두 성질이 서로 상보하여 전체의 성질을 이룬다.

시詩에 대한
역 철학적 이해

1.

역易과 시詩

역의 시적 사유詩的思惟
시의 역적 사유易的思惟

역은 우주의 근원적 원리인 음양론에 터 잡아 자연과 인간이 생성하고 소멸하는 등으로 변화하는 모습을 음양 3단 구조인 기본 팔괘와 이들 기본 팔괘가 서로 거듭하는 음양 6단 구조인 64괘의 괘상(卦象)으로 범주화하여 나타낸다.

초창기 역의 모습은 고대 중국의 주(周) 나라 사람들이 앞날의 길흉에 대하여 점을 친 기록을 체계화한 점서(占筮)였다. 그러나 공자가 이에 「계사전」(繫辭傳)을 비롯한 십익(十翼)의 철학적 해설서를 붙인 이래, 역은 우주만물의 존재 근거를 밝히는 원리로 기능하면서, 근 이천여 년 동안 중국을 비롯한 동아시아 사람들의 정신적 생활영역에 광범위하면서도 깊은 영향을 끼쳐 왔다.

동아시아 정신사의 특징은 자연계의 현상에 대한 소박한 설명으로부터 시작된 음양론과 오행론이 그 상호 관계성을 중심으로 추상적이론으로 진화하고, 이를 근거로 우주 삼라만상의 생성과 그 작용원리를 설명하는 것이다. 그리고 이것은 인간과 자연이 상호 교감하여 작용하고 상응 변화하여 나간다는 천인 합일적(天人合一的) 내지 천인 상관적(天人相關的) 사유방식을 바탕으로 한다.

　이러한 동아시아 정신사의 중심이 되는 역 철학(易哲學)은 독특한 괘상을 중심으로 하는 주역의 점서(占筮) 체제를 천인 합일적 음양오행론에 바탕한 철학적 관점으로 해석하는 것이다. 그 내용을 이루는 주요 개념의 양상은 도(道), 무극(無極)과 태극(太極), 무(无)와 유(有), 음(陰)과 양(陽), 건(乾)과 곤(坤), 상(象)과 수(數) 등 우주의 시원 내지 근원을 의미하는 총론적인 것으로부터 하늘(天)과 땅(地), 산(山)과 못(澤), 물(水)과 불(火), 바람(風)과 우레(雷) 등 주위 자연 환경의 구체적 사물을 지칭하는 각론적인 것에 이르기까지 매우 다채롭다. 그리고 이들을 둘러싼 역(易) 철학적(哲學的) 해석들은 동아시아 사람들의 전통적 사유방식과 정서적 생활양식에 깊숙이 침윤되어 있다.

　공자는 만년에 제자를 가르치는 데 있어 육경(六經)[*] 중에서도 『시경』^{**}을 첫머리로 삼았다고 한다. 이는 시(詩)가 인간의 가장 순수한

---

* 육경(六經) : 『시경』(詩經), 『서경』(書經), 『역경』(易經), 『춘추』(春秋), 『예기』(禮記), 『악경』(樂經). 『악경』대신 『주례』(周禮)를 넣기도 한다.
**『시경』(詩經) : 공자가 은대(殷代)부터 춘추시대까지의 시(詩) 311편을 모아 편찬했다고 한다. 『역경』(易經) 및 『서경』(書經)과 더불어 유학의 대표적 경전이다. 사언(四言)의

감정에서 우러난 것이므로 다양한 사물을 존재하는 그대로 인식함으로써 정서를 순화하는 데는 시(詩)만 한 것이 없다고 보았기 때문이다. 『시경』에 나오는 300여 편의 시 중에는 남녀 간의 연정이나 세상을 원망하는 것들도 있지만 이들 모두가 사람들의 본성에 입각한 자연스런 감정을 노래한 것이지 사악한 마음에서 나온 것이 아니다. 그래서 공자는 『시경』의 "시 300편이 가리키는 바를 한 마디로 말하면 사무사(思無邪), 즉, 생각에 사악함이 없는 것(子曰자왈, 詩三百시삼백, 一言以蔽之일언이폐지, 曰왈 思無邪사무사 :『論語논어』「爲政위정」)"이라고 하였다.

시는 읽는 사람들의 성격과 감정을 순화시킨다. 공자가 시를 중시한 이유도 인위적인 규정이나 명령이 아닌 덕으로 세상을 다스리려는 왕도(王道) 정치에서는 백성들을 교화하는 수단으로서 시만 한 것이 없다고 여겼기 때문일 것이다.

그러나 우리가 여기에서 살피고자 하는 것은 현실주의자로서의 공자가 의도한 바인 덕으로서 세상을 다스리기 위한 교화 수단을 찾기 위함이 아니다.

시형(詩型)을 중심으로 반복되는 것이 많으며, 한(漢)나라 모형(毛亨)이 전한 것이 유일한 완본(完本)이므로 『모시』(毛詩)라고도 한다.

역(易) 철학을 비롯한 철학 일반이 우리의 존재 이유와 존재방식에 대한 고뇌의 소회일진대, 시(詩)는 이러한 과정에서 겪게 되는 인간의 희로애락 감정들을 언어가 지닌 상징성과 운율 등으로 표현한 것에 다름 아닐 것이다. 그렇다면 음양론과 오행론을 바탕으로 하는 역(易) 철학적(哲學的) 관점(觀點)에서 시(詩)를 사유(思惟)하고, 반대로 시(詩)의 형식으로 나타난 인간과 자연에 대한 개념과 사유들을 역 철학적 관점에서 살펴볼 수도 있겠다. 그리하여 태어나서 때로는 기뻐하고 때로는 슬퍼하다가 마침내는 안개처럼 덧없이 사라지는 우리 인생사의 여울진 여정(旅程)을 조금이라도 이해할 수 있다면 살아가는 중에 작은 위로일망정 받을 수도 있겠다고 생각한다.

2.

괘상과 괘사

　『주역』은 의미 전달 방식으로 이미지 형태인 각 괘의 괘상(卦象)을 문자로 서술하는 괘사(卦辭)의 형식을 취함으로써 그림(圖도)과 문자를 병행하는 독특한 체재(體裁)를 갖추고 있다. 이들 괘상과 괘사가 지니는 기호적 상징성과 언어적 서사성(敍事性)은 실재하는 대상을 관념화하여 인간의 내재적 의식으로 끌어들이는 도구로서 기능한다.[13] 『주역』이 여타 경전과는 다른 체재와 내용의 독창성을 가지는 이유는 여기에서 비롯된다.

　먼저 우리는 괘상이 지니는 역 철학적 의미를 알아보기로 한다. 그런데 이를 위해서는 고대 중국인의 '우주(宇宙)'에 대한 이해를 앞서 살펴볼 필요가 있다. 왜냐하면 주역의 괘상은 그 자체로서 존재의 존재지평으로서의 시간과 공간구조를 모두 표상하는데 이는 고대 중국인의 우주 관념을 그대로 반영하는 것이기 때문이다.[14]

　중국 전한(前漢) 시대(B.C.202~A.D.9)의 책자(冊子)인 『회남자』(淮南

子)『제속훈』(齊俗訓)에는 동아시아인의 전통적 우주관을 나타내는 유명한 말이 나온다.

"사방상하의 공간을 우(四方上下謂之宇사방상하위지우)."라 하고 "그 공간 속에서 오래된 날은 가고 새로운 날이 오는 시간의 흐름을 주(往古來今謂之宙왕고래금위지주)."라고 한다고 하여 우주(宇宙)의 개념으로 공간적 구조와 시간적 변화를 함께 취하고 있는 것이 그것이다. 우주는 공간적 존재구조로는 평면적인 사방과 입체적인 상하의 모습으로 나타나고, 시간적 변화구조로는 현재를 중심으로 과거로부터 미래로의 진행과정으로 인식된다. 그리하여 우주는 존재토대로서의 공간과 변화토대로서의 시간을 모두 포함한다. 즉 중국으로 대표되는 동아시아인의 전통적 우주 개념은 공간과 시간의 통합체였다.

중국인의 이러한 우주관은 그들의 상고시대(上古時代)에서 기원한 역(易)의 괘상(卦象)에서도 잘 나타난다.

『주역』의 64괘는 여덟 개의 3효 단괘(單卦)(이를 기본 팔 단괘라고 함)가 서로 한 번씩 상하로 중첩(8²)되어 이루어진 6효 중괘(重卦)이다. 이처럼 기본 팔 단괘(八單卦)를 또 다시 상하로 중첩한 이유는 여덟 가지의 괘상(卦象)으로 나타나는 여덟 가지의 사물은 상호간의 관계성에서 비로소 참다운 그의 존재의미를 나타낼 수 있으며, 고립된 단

일물(單一物)로서는 이러한 관계망을 형성할 수 없기 때문이다.[15]

이렇게 이루어진 64 중괘(重卦)에서 각각의 괘를 구성하는 6효(六爻)는 아래에서부터 위로 각각 初爻초효, 二爻이효, 三爻삼효, 四爻사효, 五爻오효, 上爻상효로 불린다. 효의 순서를 아래로부터 위로 매겨가는 것은 "만물은 밑에서부터 위로 자란다."는 물유하생(物由下生)의 관점에 근거하고 있다. 그러므로 괘상도 아래에서부터 형성된다.[16]

건괘의 효명	곤괘의 효명
상효, 상구	상효, 상육
5효, 구오	5효, 육오
4효, 구사	4효, 육사
3효, 구삼	3효, 육삼
2효, 구이	2효, 육이
초효, 초구	초효, 초육

〈그림 4〉 주역의 괘상 구조

그런데 가장 아래에 있는 효를 초(初)라고 한다면, 제일 위의 효는 종(終) 혹은 말(末)이 되어야 하는데 왜 상(上)이라고 하는가? 혹은 제일 위의 효가 상(上)이라면 제일 아래의 효는 하(下)가 되어야 하는데 왜 초(初)라고 하는가?

초(初)는 비로소 생겨난다(始生시생)는 뜻으로, 시간을 가리키고 상

(上)은 가장 높은 자리(上位상위)로서 공간을 말한다. 그러므로 괘상의 6효는 그 구조에서 시간적 공간이며, 공간적 시간인 시공 중에서 만물이 일으키는 여섯 가지 변화를 상징함으로써, 존재 지평(地平)으로서의 공간과 변화 지평(地平)으로서의 시간의 상호연결성과 불가분성을 나타낸다.[17] 오늘날의 우주 개념이 아인슈타인의 상대성 이론에 근거한 시간과 공간의 통합체인 시공(時空)임을 상기할 때 이러한 주역의 괘상 구조는 그 자체로서 우주의 실상에 대한 의미 있는 통찰을 담고 있는 것으로 보여 매우 흥미롭다.

반면 서양의 우주관은 20세기 초 아인슈타인의 상대성 이론이 나오기 전까지만 하더라도 뉴턴의 영향 아래 공간과 시간의 절대 분리 상태에 머물러 있었다. 이는 서양 우주관의 고전적 원형이라고 할 수 있는 고대 그리스계의 코스모스(cosmos)나 라틴계의 유니버스(universe)가 모두 천체(天體)가 보여주는 조화와 질서의 관념에 뿌리를 둔 공간적인 개념에서 그치고 있었기 때문인 것으로 추정된다.

그렇지만 이들 괘상과 괘사를 받아들이는 인간의 인식태도는 다르다. 문자로 이루어지는 괘사의 경우 점서(占筮)로서 기능하는 최대한의 추상성과 함축성을 동시에 지닌다고 하지만 아무래도 논리적·문법적 체계인 문자의 한계를 벗어날 수는 없다. 왜냐하면 문자에 대한 상상력 내지 상징적 인식능력의 정점(頂點)인 시적(詩的) 표현일지라도 문자에 담긴 원천적 의미를 넘어설 수는 없기 때문이다.

그러나 괘상의 경우 상징적 의미 연관의 개방성을 그 본질로 한
다. 왜냐하면 각 괘상이나 효상 간의 매우 작은 부분에서의 공통점
일지라도 이를 기반으로 하거나 이들 간의 우연적인 연상을 통해서
도 그 의미의 연결이 이루어질 수 있기 때문이다. 따라서 괘상을 이
해하려면 순수한 지적 능력을 넘어서 상징에 대한 통찰력이 필요하
다. 즉 풍요롭고 개방적인 시적 상상력이 요구되는 것이다.

"시를 읽지 않고서는『주역』을 이해할 수 없다."고 말한 다산(茶山)
정약용(丁若鏞, 1762~1836)의 말은 이러한 상황을 잘 나타낸다. 주역의
괘사들 중에는 많은 비유와 상징들이 공존하고 있기 때문이다. 그렇
다고 시적 상상력이 유도하는 자유분방한 상징 연관들이 모두 언어화
하거나 낱말들 속에 포용될 수는 없는 일이다. 반면 괘상은 언어화할
수 없는 부분들을 함축적으로 표상한다. 괘상은 그 형상 자체에서 상
상력을 동원할 수 있는 많은 계기를 감추고 있기 때문이다.[18]

3.

팔괘의 의의와
기운의 양상

여기서 우리는 팔괘의 속성에서 기인한 물상(物象)과 그 물상의 성질을 살피고자 한다. 왜냐하면 자연율에 의한 파동[19]으로 태극(◉)으로부터 분화된 음(--)과 양(–)의 기운이 물상화 직전 단계인 사상(四象 : ⚌·⚏·⚍·⚎)을 거쳐 현상적 물상으로 진화된 팔괘는 『주역』의 괘상이 가지는 음과 양의 상징성을 시각적인 괘상으로 가장 명료하게 나타내고 있다고 생각되기 때문이다. 반면 64괘에 이르면 상세하기는 하지만 그 복잡성으로 인해 팔괘보다 상징의 명료성은 떨어진다. 그러므로 64괘보다는 오히려 팔괘를 이해하는 것이 시가 지니는 역 철학성을 이해하는 데 도움이 된다.

| 팔괘의 의의 |

팔괘는 태극(太極)이 양의(兩儀)·사상(四象)을 거쳐 분화된 여덟 가지의 기운을 말한다. 태극은 근원성과 전체성을 지닌 우주의 근본

기운이고 음과 양은 이러한 태극이 지니는 기운의 두 가지 양상이다. 사상은 양이 태양과 소음으로, 음이 태음과 소양으로 각기 분화된 것이다. 팔괘는 사상에서 한 번 더 자연율에 의한 파동을 거친 것인데, 그 구체적 분화과정은 다음과 같다.

양의 중첩 괘인 태양(太陽, ⚌)은 양 기운이 분출하는 것을 밖에서 촉진하는 건(乾, ☰)과 이를 억제하는 태(兌, ☱)로 분화되었다. 건의 대표적인 물상은 하늘(天)이므로 '일건천'(一乾天)이라 하고 태(兌)의 대표적인 물상은 연못(澤)이므로 '이태택'(二兌澤)이라 한다.

음과 양의 2획 괘인 소음(少陰, ⚍)은 두 번째 획의 음 기운이 밖으로 확산되도록 방조하는 리(離, ☲)와 이를 억제하는 진(震, ☳)으로 분화되었다. 리의 대표적인 물상은 불(火)이므로 '삼이화'(三離火)라 하고, 진(震)의 대표적인 물상은 우레(雷)이므로 '사진뢰'(四震雷)라 한다.

양과 음의 2획 괘인 소양(少陽, ⚎)은 두 번째 획의 양 기운이 밖으로 확산되도록 하는 손(巽, ☴)과 이를 제지하는 감(坎, ☵)으로 분화되었다. 손의 대표적인 물상은 바람(風)이므로 '오손풍'(五巽風)이라 하고, 감의 대표적인 물상은 물(水)이므로 '육감수'(六坎水)라 한다.

음의 중첩 괘인 태음(太陰, ☷)은 음 기운을 밖으로 더욱 확산하고자 하는 간(艮, ☶)과 음 기운의 수축성을 더욱 조장하고자 하는 곤(坤, ☷)으로 분화되었다. 간의 대표적인 물상은 뫼(山)이므로 '칠간산'(七艮山)이라 하고, 곤의 대표적인 물상은 땅(地)이므로 '팔곤지'(八坤地)라고 한다.[20]

이를 도표화하면 다음과 같다.

八坤地 팔곤지 (땅)	七艮山 칠간산 (뫼)	六坎水 육감수 (물)	五巽風 오손풍 (바람)	四震雷 사진뢰 (우레)	三離火 삼리화 (불)	二兌澤 이태택 (못)	一乾天 일건천 (하늘)
☷	☶	☵	☴	☳	☲	☱	☰
八	七	六	五	四	三	二	一
坤 곤	坎 감	艮 간	巽 손	震 진	離 이	兌 태	乾 건
太陰태음 ⚏		少陽소양 ⚎		少陰소음 ⚍		太陽태양 ⚌	
陰음 --				陽양 --			
太極태극 ☯							

표 2 팔괘의 괘상 전개와 상징물

| 팔괘 기운의 양상 |

『주역』「설괘전」은 제6장에서 팔괘 기운의 양상을 다음과 같이 표현한다.

神也者(신야자), 妙萬物而爲言者也(묘만물이위언자야). 動萬物者莫疾乎雷(동만물자막질호뢰). 橈萬物者莫疾乎風(요만물자막질호풍), 燥萬物者莫燥乎火(조만물자막한호화), 說萬物者莫說乎澤(열만물자막열호택), 潤萬物者莫潤乎水(윤만물자막윤호수), 終萬物始萬物者莫盛乎艮(종만물시만물자막성호간), 故(고) 水火相逮(수화상체), 雷風不相悖(뇌풍불상패), 山澤通氣(산택통기), 然後能變化旣成萬物也(연후능변화기성만물야).

"신(神)이라는 것은 만물을 묘하게 함을 말함이니, 만물을 움직이는 것이 우레보다 빠른 것이 없고, 만물을 흔드는 것이 바람보다 빠른 것이 없고, 만물을 말리는 것이 불보다 더 잘 말리는 것이 없고, 만물을 기쁘게 하는 것이 못보다 더 기쁘게 하는 것이 없고, 만물을 적시는 것이 물보다 더 잘 적시는 것이 없고, 만물을 마치게 하고 시작하게 하는 것이 산보다 더한 것이 없으니, 그러므로 물과 불이 서로 미치며 우레와 바람이 서로 어그러지지 않으며, 산과 못이 기운을 통한 뒤에라야 능히 변화하여 만물을 다 이루는 것이다."라고 하였다. 이하 8괘 각각의 성질을 설명한다.

▶ **건괘**(乾卦, ☰)

건괘는 강한 양이 중첩하여 건장하고 굳세며 역동적인 속성을 띤다. 이러한 속성을 지닌 대표적인 자연의 물상은 하늘이다(乾爲天건위천). 하늘은 끊임없이 움직이고 있으며, 텅 비어 있는 것 같으면서도 만물의 근원이 되는 기운인 현기(玄氣 : 도가에서 말하는 근본이 되는 기운)로 가득 차 있다.

그러므로 건괘는 하늘과 같이 순양으로 강하고 굳세며 일을 주장해 나가는 성질이 있다.

▶ **태괘**(兌卦, ☱)

태괘는 고요하고 수축하려는 음이 동적인 성질을 지닌 두 양 위에 있으니, 아래에 있는 두 양의 동적인 작용을 수축시키면서도 양의 기운에 의해 마치 연못의 물이 출렁이듯이 잔잔하게 음의 기운을 방출하는 속성을 띤다. 이러한 속성을 지닌 대표적인 자연의 물상은 연못(兌爲澤태위택)이다. 연못 위의 물결과 바다 위의 파도가 잔잔하게 일렁이는 모습이다.

그러므로 태괘는 연못의 물결과 같이 말하고 기뻐하는 성질이 있다.

▶ 이괘(離卦, ☲)

이괘는 고요하고 수축하려는 성질을 지닌 음이 동적이고 강한 두 양 가운데에 있으니, 위와 아래에 있는 동적 성질을 지닌 양이 마음대로 움직이지 못하게 되는데, 움직이려는 양 기운이 가운데에 있는 음에 의해 그치게 되면서 빛을 방사하는 속성을 띤다. 이러한 속성을 지닌 대표적인 자연의 물상은 불이다(離爲火리위화). 불은 스스로의 실물은 없고 사물에 걸려서 그 기운을 나타낸다. 겉으로는 밝고 화려하나 속은 허(虛)하고 어둡다(外明內暗외명내암).

그러므로 이괘(離卦)는 불과 같이 밝게 걸려 빛나게 하는 성질이 있다.

▶ 진괘(震卦, ☳)

진괘는 동적 성질을 지닌 양이 아래에 있는데 고요하고 수축하려는 성질을 지닌 위의 두 음이 견제를 하지만 이에 반발하여 더욱 강력한 속성을 띤다. 이러한 속성을 지닌 대표적인 자연의 물상은 우

레이다(震爲雷진위뢰). 양의 기운이 음의 기운에 눌리어 있다가 폭발
적인 양상을 나타내는 것이 우레이다.

그러므로 진괘는 우레와 같이 움직이는 성질이 있다.

▶ 손괘(巽卦, ☴)

손괘는 고요하고 수축하려는 성질을 지닌 음이 동적 성질을 지닌
두 양의 아래에 있으니, 동적 성질을 지닌 위의 두 양의 기운에 대응
하여 음의 수축 작용이 강해지면서 겸손하면서도 기운을 빨아들이
고 바람을 일으키는 속성을 띤다. 이러한 속성을 지닌 대표적인 자
연의 물상은 바람이다(巽爲風손위풍). 위의 두 양이 고기압이라면 아
래의 음은 저기압을 의미한다. 고기압과 저기압의 기압 차이에서 발
생하는 것이 바람의 작용이고 바람의 기운은 사방을 흔들리게 한다.

그러므로 손괘는 바람과 같이 만물을 흔들리게 하고 속으로 들어
가는 성질이 있다.

▶ 감괘(坎卦, ☵)

감괘는 동적 성질을 지닌 양이 고요하고 수축하려는 성질을 지닌 두 음 사이에 있어 방향성을 잃고 결국 위·아래의 두 음에 빠져 험난한 속성을 띤다. 이러한 속성을 지닌 대표적인 자연의 물상은 물이다(坎爲水감위수). 양이 두 음 사이에 빠져 있듯이 물은 산과 대지의 땅 사이로 흘러 나아간다.

그러므로 감괘는 물과 같이 만물을 빠지게 하고 젖게 하며 수축시키는 성질이 있다.

▶ 간괘(艮卦, ☶)

간괘는 동적 성질을 지닌 양이 고요하고 수축하려는 성질을 지닌 두 음 위에 있으니, 아래에 있는 두 음의 작용으로 동적 성질이 그치고 평정해진 속성을 띤다. 이러한 속성을 지닌 대표적인 자연의 물상은 산이다(艮爲山간위산). 산은 지구 내부의 양 기운이 밖으로 분출되다가 음의 기운인 중력에 끌려 그쳐서 형성된 것이다.

그러므로 간괘는 산과 같이 그치고 멈추게 하는 성질이 있다.

▶ **곤괘**(坤卦, ☷)

곤괘는 고요하고 수축하려는 성질을 지닌 음이 중첩하여 순하고 만물을 잠장(潛藏)하는 속성을 띤다. 이러한 속성을 나타내는 대표적인 자연의 물상은 땅이다(坤爲地곤위지). 땅은 속이 비어 있는 듯한 허한 기운을 간직하여 하늘의 양기를 받아들이며 모든 만물을 낳고 기르고 잠장하는 터전이다.

그러므로 곤괘는 땅과 같이 순하게 기르며 또한 만물을 잠장시키는 성질이 있다.

2편

시 감상

- · 시작하는 글
- · 시와 시적 사유
- · 존재, 그리고 언어와 시

2편

시 감상

---

1. 시작하는 글
2. 시와 시적 사유
3. 존재, 그리고 언어와 시

1.
시작하는 글

시란 무엇인가, 또 시란 어떻게 쓰며 어떻게 감상하는 것인가. 아니 이들 의문들의 바탕이라고 생각되는 '시적 사유'(詩的思惟)란 도대체 어떤 것인가? 시를 쓰거나 읽고자 하는 사람이면 의식적이든 무의식적이든 누구나 지니고 있을법한 의문이다.

그러나 이에 대하여 만족스러운 대답을 할 수 있는 사람은 아마 이세상에서는 영원히 없을 것이다. 왜냐하면 시가 무엇인지는 설레는 느낌, 간절한 생각, 진실한 표현을 통하여 나오는 시인 자신의 치열한 인격적 체험을 통해서만 스스로 인식할 수 있기 때문이고, 이러한 시적 진실로서의 정서적 감동을 나타내고 받아들이는 감성과 사유는 사람마다 모두 다를 것이기 때문이다.

그러나 그렇다고 하여 우리가 이들에 대해서 전혀 아무 것도 말할 수 없는 것은 아닐 터이다. 왜냐하면 이러한 개개인의 체험적 인식과 정서적 감동을 두고 그 밖에 시라는 것이 따로 있거나 느낄 수 있는 것도 아니며, 그래서 '현상이 곧 본질'이고 '특수가 곧 보편'이라는 명제는 시의 경우에도 어느 정도 타당할 수 있기 때문이다.[21]

우리들 대부분은 평범한 일상적 세계에서 태어나 그 일상 중에서 만나는 사람들 중 어떤 사람과는 미워하거나 다투고, 또 어떤 사람과는 사랑하거나 그리워하는 등으로, 다들 그렇게 엇비슷하게 살아간다. 그러다가 마침내 몸과 마음이 쇠잔해지면 모두들 어느 순간 죽어 없어진다.

시적 사유는 이러한 평범한 세계에서 일상적 행위로 살아가는 익숙한 삶에 대한 기존의 인식을 거부하고 다른 세계, 습관적 삶에 대한 다른 인식을 추구하는 것으로부터 시작된다.

그것은 익숙한 방식과 타성에 젖어 관행적으로 반복적인 것들과의 치열하고 끈질긴 싸움으로서 이들 일상적 대상들로부터 새로운 삶의 모습을 찾아내는 사유의 과정은 고통스럽기도 하다. 그러므로 아무래도 시적 사유는 삶에 대하여 일상인들이 지니는 평범한 인식과는 다른 유별난 인식세계의 삶의 태도인 듯하다. 그래서 진작부터 시인과 일상인, 시적 사유와 평범한 삶 사이에는 늘 끊임없는 갈등과 이로 인한 긴장감이 있어 왔다.

하지만 시가 일상적 세계를 완전히 버리고 떠날 수는 없는 일이다. 왜

나하면 모든 시적 사유(思惟)들이 우리들이 영위하는 일상적 삶에서 비롯되기 때문이다. 또한 일상적 세계를 버리고 떠나는 순간, 시는 버려서는 안 될 자신의 존립기반이기도 한 언어마저 버리게 될 것이다. 우리는 언어 없는 인간의 일상적 세계를 생각할 수 없듯이 언어 없는 시의 세계 또한 상상할 수 없다.[22]

왜냐하면 사람은 언어에 의해서, 언어 속에서, 그리고 언어로 표현됨으로써 비로소 일상인으로 구성되어 존재하기 시작하는 지극히 언어적인 존재이기 때문이고,[23] 시란 결국 이러한 일상인의 시적 사유를 표현하는 언어 실천일 것이기 때문이다.[24]

그러므로 시를 쓰거나 읽고, 시적인 감성과 사유를 지닌다는 것은 일상적 세계의 일상적 행위 이상이고자 하더라도 이들로부터 완전히 벗어날 수는 없다.

그런데 이처럼 시를 쓰거나 읽는다는 것, 그렇게 함으로써 세상과 사물을 시적으로 사유하는 것은 도대체 세상에 무슨 기여를 하는 것일까? 시는 분명 실용적인 것은 아니다. 우리가 먹거나 마시지 않고는 하루를 지내기도 힘들지만 시는 평생 읽지 않아도 사는 데에 그다지 큰 불편은 없을 듯하다. 그래서인지 시 쓰기만을 고집하는 전업 시인들의 상당수가 생존에 필요한 최소한의 돈도 벌지 못하여 고달프고 힘든 삶을 살고 있다.

시가 오늘날 세상을 위해 할 수 있는 일은 시적 진실을 사유하는 '지적인 재미'를 창출하는 것이다. 인간은 의식주에 관한 물질적 충족이 어느 정도 달성되면 필연적으로 그 이상의 '어떤 것'을 그리워하고 찾고자 한다. 이는 사유를 속성으로 하는 정신을 지닌 인간으로서는 어쩔수 없는 일이다. 뿐만 아니라 이러한 재미를 느끼는 일은 일상적 습관성이 주는 익숙함 내지 피로감에서 벗어나 새롭게 사물을 보고 느낌으로써 생활의 활력을 되찾을 수 있는 방안이 되기도 한다.

그런데 인간이 의식주 외에 찾으려하는 그 어떤 것은 무엇보다도 '재미'가 있어야 한다. 사람은 누구나 재미있는 것에는 다가서려 하지만 힘들거나 고통스러운 것은 피하려 하기 때문이다. 한편 인간이 느끼는 재미는 크게 관능적인 것과 지적인 것으로 구분할 수 있다. 이 중에서 지적인 재미를 추구하는 것은 동물과는 다른 생리를 지닌 인간만이 추구할수 있는 욕망으로서 고급스러운 것에 속한다. 시는 인간의 본능 중 이러한 고급스러운 지적 욕망을 채워줄 수 있어야 한다. 그럼으로써 복잡하고 고단한 인간의 삶의 여정에서 시는 잠시라도 신선한 감동과 즐거움을 안겨 주는 쉼터 역할을 할 수 있어야 한다. 이것이 시가 무용(無用) 중에 유용(有用)으로 존재할 수 있는 이유이다. 시에게 이러한 무용지용(無用之用)의 의미마저 없다면 각종 실용적인 학문들과 감각적인 오락물들로 넘쳐나는 오늘날에는 시가 설 자리가 없을 것이다.

시가 이러한 역할을 제대로 할 수 있으려면 지적인 깊이가 있어야 한다. 시가 대중을 백안시하여 고답적으로 흘러서도 안 되지만, 그렇다고 대중적 인기에 단순히 영합하려 든다면 그 시는 그 천박함으로 인하여 이내 외면을 받을 것이다. 왜냐하면 사람들은 깊이가 없어 쉽게 바닥을 드러내는 재미에 대해서는 이내 싫증을 내고 고개를 돌려버리기 때문이다. 그러므로 심오하여서 그 깊이를 좀처럼 가늠할 수 없는 재미, 그리하여 다시 읽더라도 여전히 새로운 모습으로 다가오는 정서적 감동, 이것이 시든 소설이든 영화든 음악이든 심지어 사람이든 마주하는 대상으로부터 쉽사리 외면당하지 않는 매력적인 존재가 되는 비결이다. 왜냐하면 사람은 다른 동물들과는 달리 유별나게 이러한 것들을 찾는 경향이 있기 때문이다.

그런데 시에 지적인 재미를 부여할 뿐만 아니라 그 재미를 깊이 있게 하는 결정적 작용인(作用因)은 바로 '철학적 사유'일 것이다. 철학적 사유란 이성적 존재인 인간이 자연적으로 부여된 본능적 생존만으로는 이룰 수 없는 자존과 자아실현을 위한 가치관을 갖고자 하는 것이다. 이는 철저하고 치열한 삶의 태도를 지니는 경우에만 가능하고, 사람들은 이러한 진지성을 지닌 시에 대하여서만 공감할 수 있고 재미를 느껴 다가서고자 한다.

철학적 사유가 빈곤한 시들은 누구나 다 느끼는 감정 내지 서정을 좀 더 세련된 표현으로 하였느냐 여부 정도의 우열은 있을지 모르겠지만 그것은 도토리 키 재기에 불과할 뿐이고, 사람들을 재미있게 하여 끌어당기는 데에는 근본적인 한계가 있을 것이다.

이러한 철학적 사유가 물론 시인들만의 전유물일 수는 없다. 시를 비롯한 세상 어떤 것이든 사람들에게 심오한 지적 재미를 줄 수 있고, 사람들이 감동하고 공감할 수 있다면, 그 바탕에는 모두 철학적 사유가 깔려 있다. 철학적 사유가 심오성을 그 본질로 한다지만 이는 시인이든 아니든, 학자이든 아니든, 진지하게 일상을 살아가는 생활인이라면 누구에게나 가능한 일이다.[25]

2.

시詩와
시적 사유思惟

그렇다면 처음에 묻고자 한 바, 시란 구체적으로 무엇이고
일상을 시적 감정으로 느끼는 시적 사유란 어떠한 것인가?

| 시와 시적 사유에 대한 정의 |

일찍이 동아시아의 성인 공자는 시에 대해 사무사(思無邪 : 생각함에
사악함이 없는 것)라고 하였다. 그러나 시(詩)와 시적 사유(思惟)가 무엇
인지 정의한다는 것은 무모한 일이다. 왜냐하면 시의 정의와 관련하
여서는 '세상에 대한 낯선 질문', 혹은 '생명의 근원에 대한 그리움의
표현', 심지어는 '답보다는 물음 자체가 더욱 의미가 있는 것'이라는
등으로 시대와 장소, 사람에 따라서 각양각색이었기 때문이다. 그
렇지만 이는 논의를 이어가기 위해서는 유용한 일이기도 하다. 그러
므로 여기에서도 시란 "인간의 시적 사유(思惟)를 운율적 언어의 음
악적 요소와 상상적 이미지 등의 회화적 요소로 압축하여 표현한 언
어예술"이고 그 내용으로서의 시적 사유는 "개념적 논리성을 지니는

형이상학적 사유와는 달리 감성과 직관, 상상력에 의하여 우주와 삶을 명상하고 내적 체험에 의하여 근원을 통찰하고자 하는 사유방식"이라는 사전적인 내용으로 정의하고자 한다.

대신 보다 객관적으로 파악될 수 있다고 생각되는 '시'라는 말의 어원(語源)과 위 정의의 핵심 용어인 '감성'과 '직관', 그리고 '사유'등의 사전적 정의와 '존재와 언어, 그리고 시와의 관계'를 살피기로 한다. 왜냐하면 이들을 알아보는 과정에서 시와 시적 사유의 의미도보다 정확히 이해할 수 있을 것으로 생각되기 때문이다.

| 시와 관련된 용어의 어원(語源) |

서양 문화권에서는 시와 관련하여 영어권의 poem과 poetry, 불어권의 poeme와 poesie와 같이 두 개의 용어를 구분하여 쓰고 있다.

poem(poeme)은 문학의 한 장르로서의 시 작품(詩作品)을 말하는 것으로 주로 그 형식적 측면을 가리킨다, 반면 poetry(poesie)는 이러한 장르로서의 형식을 갖추기까지의 어떤 심적 내지 정신적 상태, 즉 시의 내용이 될 수 있는 것으로서의 시적 사유(思惟)를 말한다.

이들 용어의 어원(語源)은 '제작, 창작'(making)의 의미를 갖는 그리스어의 'poiesis'이다. 'poiesis'는 원래 비유(非有), 즉 무(無)에서 유(有)에로의 이행을 초래하는 모든 활동을 가리키던 말이었는데,[26] 시와 관련하여서는 '말을 만든다.'는 뜻으로 점차 그 의미가 좁혀져 왔다.

한편 동아시아 문화권에서 공통적으로 쓰이는 '詩'라는 한자의 구조를 살피면 '言언'과 '寺사'가 합쳐진 것임을 알 수 있다. '言언'은 모호한 소리인 '音음'이나 이야기를 의미하는 '談담'이 아닌 '분명하고 음조가 고른 말'을 뜻한다. 그러므로 詩는 言, 즉 언어가 그 의미 내용의 핵심을 이룬다. 그래서 『尙書』(상서)에서 "시는 언어로 나타낸 뜻이고 노래는 그 언어를 읊은 것(詩言志시언지, 歌詠言가영언 :「舜典순전」)"이라고 하였다.

또 '寺사'는 '持지'와 '志지'의 뜻을 가지고 있다. '持지'는 손을 움직여 일하는 것을 뜻한다. 또 '志지'는 '心심'과 '가다'는 뜻을 지닌 '之지'의 본자(本字)로서[27] 우리의 마음이 어떤 대상을 향해서 곧게 나가는 것을 의미한다. 그러므로 동아시아 문화권의 '詩'란 글자에도 '손을 움직여 마음이 가는 대상을 향하여 일하다.'라는 뜻이 담겨있다. 즉, 시를 의미하는 용어가 동아시아 문화권과 서양 문화권 모두 말과 관련된 행동과 창작의 뜻을 지니는 공통성을 갖고 있음을 알 수 있다. 그러므로 동·서양 어느 문화권이든 시는 언어를 떠나서는 존재할 수가 없다.

| 감성과 사유, 그리고 직관 |

시가 언어로 표현하고자 하는 것은 '시적 감성'내지 '시적 사유'로
서 이는 서양 문화권에서 말하는 'poetry(poesie)'와 같은 것이다.

감성(感性, sensibility)은 인간이 감각(感覺, sensation)과 지각(知覺,
perception) 작용을 통해 외부세계를 받아들이는 능력을 말한다.[28] 여
기서 감각이라 함은 물질적 대상과 몸이 자극과 감응의 관계로 만나
는 것을 말하고, 지각은 감각으로 얻은 정보를 분석하고 종합하는
방식으로 대상을 이해하고 대응하는 능력을 가리킨다. 이러한 감성
은 인간과 세계를 잇는 원초적 유대로서 인간 생활의 기본적 영역을
열어주는 역할을 하지만 수동성을 내포한다는 점에서 인간의 유한
성을 나타낸다.[29]

반면 사유(思惟, thought)는 대상에 침잠함으로써 대상의 보편적 본
질을 능동적으로 파악해 나가는 정신적 활동이다.[30] 그것은 비직관
적이고 개념적인 정신과정으로, 논리를 그 속성으로 하며 개념 구성
· 판단 및 추리의 형식으로 행해진다. 사물의 이치를 생각하는 능력

인 이성(理性, reason)은 바로 인간이 논리적 내지 개념적으로 사유할 수 있는 능력을 가리킨다.

이러한 사유는 인간의 가장 고차적인 심적(心的) 능력으로서 일반적으로 감성의 작용과 구별되는 개념이다. 즉 감성이 수용적인 다양성의 측면을 지니고 개별적인 것으로 향하는 것임에 반해 사유는 능동적인 통일화로서 보편적인 것, 본질적인 것을 파악하는 능력이다. 칸트 철학에서는 사유를 순간적이고 개별적인 지각의 이해를 넘어서서 각각의 지각상(知覺象) 및 표상(表象)을 일정한 규칙 하에서 현실적 경험으로 통합하는 능력이라고 말하기도 한다.[31]

예를 들면 우리는 물이 아래로 흐르고 불은 위로 올라가는 것을 본다. 이러한 현상들은 잘 알려진 것으로서 친숙하다. 그러나 우리는 이들이 주는 단순한 감각 인상만으로는 만족하지 않으며, 이들 현상에 대하여 사유함으로써 현상 그 자체와는 다른 내면의 본질을 알고자 한다. 그런데 이 본질은 우리가 주관적으로 만들어 내는 것이 아니라 대상의 내면에 객관적으로 존재한다. 사유는 사상(事象) 속에 침잠하여 그 보편적이고 객관적인 구조에 따르면서 나아간다. 따라서 사유 그 자체는 보편적이어야만 한다.[32]

한편 직관(直觀, intuition)은 이러한 사유 작용을 덧보태지 않고 감

시 詩로 보는 계절과 인생론
봄날은 간다 – 역易 철학을 중심으로

성적인 지각처럼 대상의 전체를 순간적 · 직접적으로 파악하는 작용이다. 사유가 반성(反省)과 분석(分析)을 통해 사태의 일면을 파악하는 데 반해, 직관은 순간 속에서 사태를 전체적으로 파악하지만 사유처럼 명확하지 못하다. 그러므로 직관하는 자에게는 명확하게 인식되었다 하더라도 그것을 타인에게 제대로 전달할 수 없다.

또한 직관은 어떤 사상(事象)에 대한 비반성적(非反省的) 공감(共感), 즉 자아(自我)와 파악되는 대상(對象)이나 사상(事象)과의 일치를 의미하는 것으로서 크게 경험적 직관과 본질적 직관으로 구분된다.

경험적 직관이란 사상(事象)을 순간적으로 파악하는 것이다. 그 예로 상대방의 표정에서 그의 감정 상태를 짐작한다든지, 타인과의 첫인상에서 장래 그와의 관계를 헤아리는 것을 들 수 있다. 이것은 개인적 정신 능력이나 판단에 기초하기 때문에 비합리적이다.

반면 본질적 직관이란 경험에 전혀 의존하지 않고 사상(事象)을 파악하는 능력으로서, 기하학적 공리(公理)에 대한 인식이 여기에 속한다.[33] 왜냐하면 이들 공리들은 순수한 선험적 세계에 속하는 것이어서 누구도 그것을 사실로서 경험할 수는 없기 때문이다. 즉, 공리가 담고 있는 내용은 세계와 인간의 본성에 관한 사실이 아니라, 담론이나 행위를 할 때 취하는 결단 · 관습 · 태도에 관한 것이다.[34]

그러므로 직관은 사유가 단절되는 데서 발휘되는 인간의 정신능력으로 명증적(明證的)이다. 여기서 명증적이란 말은 간접적인 추리에 따르지 않고 직접적으로 진리를 볼 수 있다는 뜻이다. 따라서 직관은 분석적 사유가 궁극적으로 의존하는 최고의 인식능력이라고도 할 수 있다.[35]

| 시를 쓰는 마음과 도를 구하는 마음 |

시를 쓰는 마음은 도(道)를 구하는 마음과 같다. 시를 쓴다는 것은 인간 의식과 우주의식이 완전히 일치되는 체험이다.[36] 그리고 이의 바탕이 되는 시적 사유는 우주의 변화하고 흐르는 속성에 자신의 영혼을 맡김으로써 스스로를 변화시키고, 의식의 영역을 확장시키고자 하는 내적 의지이다.[37] 그런데 이러한 것들은 모두 바로 도의 본질적 내용이기도 하다.

시인들은 사물들을 그들의 내면적 존재의식과 사물들의 내면적 존재방식이 일치되는 우주감(宇宙感)으로 바라본다. 프랑스 철학자 마리탱(J. Maritain, 1882~1973)에 의하면, 시는 인간적 자아의 내면적 존재의식과 사물들의 내면적 존재방식 사이의 상호통교를 의미한다.[38]

여기서 우주감이란 시인들이 철학적 감수성에 바탕을 두고 우주를 바라보는 정서적 직관력을 말한다. 시인들은 우주를 자연(과)학적 지식으로 바라볼 때 드러나는 인식론적 한계를 인문(과)학적 정서에 바탕을 둔 직관력으로 넘어선다. 그리하여 우주를 보다 본질적으로 표현한다. 그리고 이것이 바로 시적 진실로서 드러나는 시 세계가 된다. 이때 '시적 진실'이라 함은 법칙정립적인 자연(과)학적 진실이 아닌 개성기술적인 인문(과)학적 진실을 말하는 것으로 그 본질은 예술이 지닌 가치로서의 정서적 감동을 의미한다.[39] 그러므로 시인들이 하는 일은 이들 우주감을 말 즉 언어로써 밝히고 그것을 빛 속에 드러나게 하는 것이다.[40] 왜냐하면 하이데거가 일찍이 말하였듯이 '언어는 존재의 집'이고, 시인의 사명은 '변화하는 존재 속에서 비가시적인 사물의 실체를 포착하여 이를 언어를 통해 밖으로 드러내는 것'이기 때문이다.[41]

3.

존재,
그리고 언어와 시

| 존재란 무엇인가? |

존재의 원리에 관한 철학적 이론을 존재론[*]이라고 부를 때, 도대체 '무엇이 있다'고 할 때, '있다'는 무엇을 뜻하며, '없다'와 구별되는 기준 내지 징표는 무엇인가? 나아가 어떤 것이 '없다가 있'게 되고, '있다가 없'어진다는 것은 무엇을 의미하는가?

어떤 사물이 존재한다고 할 때, 그 사물은 하나의 객관적 실체인가 아니면 인식하는 주체의 감각적 현상 내지 과정인가가 문제된다. 이에 대한 현대철학의 경향은 실체론이 아니라 인식론 내지 과정론

---

[*] 철학의 분류 : 세계에 대한 인간의 사유는 크게 "무엇이 존재하는가," "무엇을 알 수 있는가," "무엇을 해야 할 것인가," "죽은 후 무엇이 되는가."의 네 가지로 구분된다. 네 번째 물음을 종교문제로 돌린다면 철학은 다른 세 가지에 대한 사유, 즉 존재론(ontology), 인식론(epistemology), 가치론(axiology)에 대한 탐구가 된다.[42)]

에 가깝다.[43] 칸트(Immanuel Kant, 1724~1804) 이래 철학은 주로 외부
세계가 아니라 외부세계를 인식하는 인간의 정신에 대한 탐구로 나
아갔다. 그래서 철학은 자연세계를 직접적으로 탐구하는 학문이 아
니라 자연을 인식하는 인간의 정신-그것이 감각이든, 이성이든-을
탐구하는 학문이 되었다. 이로 인해 철학에서 반성과 비판의 역할이
강조되고, 원리와 전제들 자체를 탐구한다는 의미에서 인식론 내지
과정론이 철학 본연의 임무처럼 강조되었다.[44]

존재란 무엇인가? 존재는 인간의 마음을 투사한 것이다. 우리 마
음속에는 우리에게 보이는 외부세계와 대응하는 것이 있다. 바깥세
상은 우리 생각 속에서 먼저 존재한다. 마음은 자신의 생각에 따라
세상을 창조한다. 시인에게 있어 이를 인식하는 것보다 더 경이로운
일은 없다.

칸트에 의하면 인간의 인식 범위는 공간과 시간이라는 감성의 '선
험적'형식*과 범주라는 오성형식을 통하여 마음이 포착한 감각 세계

---

* 칸트의 선험철학(先驗哲學) : '선험'이란 경험에 앞서 선천적으로 가능한 인식 능력을
뜻한다. 칸트는 그의 철학을 선험철학이라고 하였다. 이는 그의 철학이 존재 자체에
대한 탐구가 아니라 존재에 대한 인식이 어떻게 해서 가능한가 하는 인식론적 방법에
관한 것임을 뜻한다. 칸트는 종전 데카르트적 관념론과 영국의 경험론이 각기 이성과
경험 중 어느 한쪽만을 인식의 근거로 삼음으로써 '인식의 위기'를 가져왔다고 생각하고
이들 양자를 비판·종합하려 하였다.

와 인지된 경험 세계, 즉 현상계로만 국한된다.[45] 칸트는 공간에 대해 사물을 파악하는 인식의 틀이라고 보았다. 칸트 이전에는 대부분의 사람들이 공간은 바깥 세계에 존재하는 다른 그 무엇이라고 생각하였다.

근대 철학에서의 인식은 고대 그리스 철학이나 중세 스콜라 철학에서 논의된 신체 없는 인간에게나 가능한 순수 오성적 인식이 아니라, 수학적 인식이나 자연과학적 인식처럼 인간에 의해서 수행될 수 있다고 생각되는 인식이다.[46]

또한 감성은 칸트 철학에서 대단히 중요한 개념이다. 그는『순수이성비판』에서 감성을 "대상에 의해서 촉발되는 방식에 의해 표상을 받아들이는 수용적 능력"이라고 정의하였다. 이에 따라 감성은 인간의 본질적인 수동성을 나타내게 된다.[47]

구체적으로 칸트는 감성을 아포스테리오리(a posteriori)한, 즉 감각작용의 경험적 내용으로서의 질료와 아프리오리(a priori)한, 즉 순수한 형식으로서의 시간·공간의 두 요소로 구분한다. 이때 질료는 주체가 외부로부터 수동적으로 받아들이는 이질적인 인상들의 집합을 말하고, 순수형식으로서의 아프리오리한 시간과 공간은 주체로 하여금 감각기관에 주어지는 것을 표상할 수 있도록 해주는 구조로서의 역할을 한다.

주체는 감성이 주는 수용성을 통해 외부의 어떤 대상을 표상하게 된다. 감성은 추상적 개념을 이루는 오성(悟性)이 작용할 수 있도록 하는 가능성의 조건이며, 오성에 대해 질료 역할을 한다. 그리하여 경험을 통해 외부세계를 받아들이는 감성과 그렇게 형성된 인식 질료에 일정한 개념적 틀을 부여하는 오성은 인식의 두 원천이 된다.[48]

칸트의 비판 철학에서 감성이 인식에서 지니는 역할은 정밀하게 규정되었다. 그 중에서도 가장 중요한 것은 '공간'과 '시간'이 본질적으로 감성의 상관자로 파악되는 것이다. 즉 공간과 시간은 감성의 형식적 조건으로서 모든 현상을 제약한다.

공간과 시간은 현상으로부터 감각에 속하는 것을 제거한 후에도 남아있는 '순수 직관'이지만, 이 '순수 직관'은 "감성이 선험적으로 줄 수 있는 유일한 것"이자 "감성의 단순한 형식으로서 마음에 선험적으로 존재하는 감성의 선험적 원리"이다.[49]

그렇다면 공간과 시간은 무엇인가? 여기에는 크게 세 가지 견해가 있다.

첫 번째 견해는 공간과 시간은 그 자체로서 존재한다는, 즉 구체적 소여로서의 공간 개념이다. 이는 존재하는 모든 것들을 담고 있는 이를테면 '그릇'으로서의 공간과 시간 이해인데, 우리는 뉴턴의 소위 절대 공간·절대 시간 이론에서 그 연원을 볼 수 있다. 그러나 문제는 공간과 시간이 절대적으로, 즉 그 자체로서 존재한다고 할 때 '존재하다'가 어떤 뜻인가 하는 것이다. 이때의 존재가 '논리적으로 생각 가능하다.' 는 뜻이라면 논리적 사고 가능성은 곧 존재 가능성이라는 등식이 성립함으로써 존재론적 쟁점이 주는 함정에 빠지게 된다. 이와 달리 이때의 존재가 논리적 차원을 넘어서 '감각될 수도 있다.'는 것을 의미한다면 '어떤 감각기관을 통하여 그것이 감각되는가?' 하는 것이 문제된다. 만약 어떤 감각기관을 통해서도 감각되지 않는다면 공간과 시간은 '실제로 있는 것'이 아니다.

그래서 공간과 시간은 소여로서 존재하는 것이 아닌 추상적 개념, 즉 존재자의 성질 내지 존재자들 간의 질서 관계라는 견해가 나오게 된다. 그리고 이는 다시 존재자가 우리에게 인식되지 않더라도 존재자에 속하는 성질 내지 질서 관계로 보는 입장(두 번째 견해)과 존재자가 감각적으로 인식되는 범위에서 존재자가 가지는 성질 내지 질서 관계로 보는 입장(세 번째 견해)으로 나뉜다. 물질의 속성을 연장으로 파악한 데카르트나 로크는 두 번째의 견해에 속한다. 여기에 따르면 공간과 공간 안에 포함되는 물질은 단지 우리의 사유 속에서만 다를 뿐이므로 공간과 물질은 서로 다른 존재가 아닌 하나의 존재가 된다. 그리고 이 때의 문제점은 가령 공간 표상을 전제로 하는 기하학의 경우, 연장성을 가지는 사물들에 대한 감각 경험을 토대로 한 학문으로 이해해야 한다는 것이다.

세 번째의 견해, 즉 공간과 시간은 존재자가 감각적으로 지각되는 한에서 존재자의 성질이라는 생각은 라이프니츠와 칸트에서 볼 수 있지만 이들 양자 간에도 차이점이 있다. 라이프니츠에게서 공간과 시간은 감각 경험에 의한 표상이다. 그래서 예컨대 기하학은 경험학으로 파악된다. 반면 칸트에게서 공간과 시간은 그 자체로는 아무 것도 아니고, 감각을 통해 존재자를 수용하는 감성적 의식이 선험적으로 가지고 있는 관념이다. 그리고 존재자는 이 관념적 질서에 따라서만 우리에게 나타날 수 있는, 즉 현상으로서의 틀로 이해된다. 여기에서 기하학은 선험적인 것으로, 관념적이면서 형식적인 인식체계로 파악된다.

칸트에 의하면, 선험적 표상인 공간과 시간의 질서 위에서 갖가지 감각 재료들이 수용되고, 이 수용된 감각 질료들이, 범주로 기능하는 순수 지성 개념에 따라 종합·통일됨으로써 우리에게 무엇으로 있는 하나의 존재자가 인식된다. 그러므로 한 인식에서 인식된 존재자는, 인식하는 의식의 선험적 표상에 의해 규정되는 것이다. 그리하여 사고의 형식인 범주는 인식의 성립조건일 뿐만 아니라, 그 인식에서 인식되는 대상의 성립조건이기도 하다. 인식을 가능하게 하는 조건이 바로 그 인식에서 인식된 존재자의 성립조건인 것이다.

이렇게 하여 칸트는 진리를 "사물과 지성의 일치"로 규정하고 인간의 참된 사물인식은 "인식자의 인식대상과의 동일화"로 해석해 오던 종래의 전통적 견해에서 벗어나게 된다. 그리고 참된 인식은 "존재자의 지성과의 합치"로 인하여 성립한다는 견해를 표명함으로써, 이른바 인식자와 인식대상 간의 "코페르니쿠스적 전환"을 이룬다. 그는 "창조된 사물의 신(神)의 지성과의 합치"를 전제로 "인식되는 사물의 형식은 인식하는 자 안에 있다."고 생각했던 전통 형이상학을, 순수 이성비판을 통해 인간의 사물 인식에도 적용함으로써, "사물과 지성의 일치"를 "인간 지성과 인간 지성에 의해 인식되는 사물의 동일 형식성"으로 해석하고, 사물을 인식하는 인간을 적어도 '부분적으로는 그 사물의 창조자'로 격상시켰다.[50]

그런즉 인간이 사물을 인식하는 시선은 마음의 연장(延長)이다. 인간이 무엇을 어떻게 바라보느냐에 따라 대상이 정의되고 세계가 새롭게 구성된다.[51]

이러한 칸트의 인식론은 시가 무엇인지를 묻는 시론(詩論)에서는 표현주의적 시론과 인식주의적 시론으로 나타난다. 시인은 현실적 삶에서 체험하는 경험적 사실들을 시적 감성으로 포착하여 삶의 본질을 드러내는 작품으로 형상화함으로써 독자에게 감동을 주는 시적 진실을 창조한다. 만약 독자에게 이러한 시적 진실을 전달하는데 실패한 작품이라면 시로서의 가치를 상실한다고 할 수 있다. 그런데 이러한 시적 진실을 바라보는 시각은 표현주의적 시론과 인식주의적 시론에서 각각 다르게 설명된다.

표현주의적 시론은 시적 의미의 주관성에 그 근거를 둔다. 그리하여 시가 말하는 것은 어떤 객관적 대상이 아니라 시인 자신의 심정 혹은 감정이라고 한다. 이러한 입장에서는 가령 김광균의 「추일서정」(秋日抒情)에 나오는 '낙엽'은 '폴란드 망명정부의 지폐'라고 할 때에 '지폐'는 '낙엽'을 객관적으로 서술한 것이 아니라 낙엽에 대한 김광균의 어떤 심정이나 태도를 표현한 것이 된다.

그러나 인식주의적 시론은 시는 개인감정의 주관적 표현에 그치지 않고 세계를 보는 하나의 인식수단이며 사물의 진리를 밝혀주는 것이라고 본다. 가령 위에 언급된 낙엽을 자연(과)학적 입장에서는 '떨어지는 잎'이라고 하는 것이 진리겠지만 인문(과)학적 입장인 시적 사유에서는 '지폐'라고 생각하는 것이 진리일 수 있다. 따라서 시인들은 자연(과)학으로는 알 수 없는 사물이나 현상에 대한 진리를 인문(과)학적 입장인 시적 사유를 통해 인식하는 것이다.[52]

| 존재와 언어, 그리고 시 |

철학자들은 존재하는 모든 것을 물질과 생명, 정신의 세 가지로 구분하기도 한다. 그리고 여기에 위계적 질서를 주어 '존재의 대사슬(Great Chain of Being)'이라고 부른다.

이들 세 가지는 물질계로부터 생명계가 출현하고 생명계로부터 정신계가 나오는 관계이므로 계층적이다. 그리고 이것이 위계질서적인 이유는 생명계는 물질계를 내포하지만 물질계에는 없는 새로움 즉, '생명성'을 발현하기 때문이다. 이는 생명과 무생명의 차이를 지적한 것이다. 또한 정신계는 물질계나 생명계의 속성과 내용을 내포하지만 정신계의 고유한 새로움인 '사유'는 물질계나 생명계에서 찾을 수 없다. 이는 '사유'가 정신계만의 특별한 징표임을 가리킨다.

이렇게 하위계로 환원되지 않는 상위계만의 고유한 요소가 이들 세계를 위계질서적으로 만든다. 우리는 최상위 계층인 정신계의 가장 대표적인 예로 '언어'를 들고자 한다.[53] 왜냐하면 언어 없이 사유한다는 것은 불가능하고, 오직 언어만이 존재를 사유로 이끌어 갈 수 있기 때문이다. (이러한 이유로 『성경』에서도 로고스(Logos)로서의 말씀, 즉 언어를 천지창조의 본질로 보았다.)

하이데거에 의하면 '존재를 존재하게 하는 것은 언어'이다. 사물은 언어로 표현되었을 때 비로소 존재로 드러나게 되므로 언어가 없는 곳에 사물은 존재하지 않는다. 그리하여 '언어는 존재의 집'이다. 또한 시는 '언어에 의한 존재의 건설'이므로[54] 언어가 존재의 집이듯이 시 역시 존재의 집이 된다. 그리하여 시는 존재의 본질이고 근원적인 언어가 된다.[55] 이에 따라 존재와 언어, 그리고 시는 불가분의 긴밀한 관계를 지닌다.[56]

제1절

봄

춘풍사
春風辭

1. 서양의 봄과 동양의 봄

| 봄날을 노래하는 시들 |

해마다 봄이 오면 사람들이 즐겨 인용하는 시구(詩句)가 있으니 미국 태생 영국 시인 토마스 엘리엇(T. S. Eliot, 1888~1965)의 장시(長詩), 「황무지」(The Waste Land)의 서두 부분이다.

April is the cruellest month, breeding
4월은 가장 잔인한 달

Lilacs out of the dead land, mixing
죽은 땅에서 라일락을 키워내고

Memory and desire, stirring

시 詩로 보는 계절과 인생론
봄날은 간다 – 역易 철학을 중심으로

추억과 욕정을 뒤섞고

Dull roots with spring rain
잠든 뿌리를 봄비로 깨우니

Winter kept us warm, covering
겨울이 차라리 따스했다

Earth in forgetful snow, feeding
잘 잊게 해주는 눈으로 대지를 덮고

A little life with dried tubers
마른 구근으로 약간의 목숨을 대어 주었으니

만약 개인적 기호와 관계없이 20세기를 대표하는 시 한 편만을 고르라고 하면 「황무지」가 뽑힐 공산이 크다. 이 시는 1922년 영국과 미국에서 출판되면서 낭만주의 사조를 벗어나지 못하던 당시의 상황에서 곧 새로운 시의 보통명사가 되었고, 이어 모더니즘이라는 수식어가 붙으면서 20세기를 대표하는 작품으로 평가받았다.[56-1]

북유럽의 봄은 우리나라 봄보다 늦게 온다. 그러므로 엘리엇의 '잔인한 4월'이 성립될 수 있다. 그의 시 「황무지」에서 4월은 일 년 중 가장 잔인한 달이다. 왜냐하면 진정한 재생 없이 공허한 추억으로 고통을 주기 때문이고, 긴 겨울 동안의 가사(假死) 상태가 오히려 안락하여 새로운 삶을 원치 않는 이들에게도 산다는 것의 아픔을 다시금 강요하는 계절이기 때문이다. 이러한 역설적인 시각은 4월에 대한 기존의 일반적인 이미지를 뒤바꾸어 놓았다. 그 전의 봄날은—종전의 19세기적 시작법(詩作法)인 낭만주의 기법에 익숙해져 있어서—흔히들 새싹을 틔우고 꽃을 피우는 등으로 생명이 약동하는 희망의 계절로 그려졌다.

4월 봄날을 잔인하다고 표현한 엘리엇의 시 「황무지」는 동아시아 지역에서는 2,000여 년 전 전한(前漢, B.C.206~A.D.9) 시대 비련의 여인이었던 왕소군(王昭君, 출생 년과 사망 년 미상)의 한탄과 바로 맥이 닿는다. "오랑캐 땅에는 꽃도 없으니 봄이 와도 봄이 아니다(胡地無花草호지무화초 春來不似春춘래불사춘)."라는 그녀의 긴 탄식 말이다.[57]

왕소군은 원래 원제(元帝, B.C.75~B.C.33)의 후궁으로 비파(琵琶)에 능하였다. 북방 흉노의 호한야 선우에게 화친을 위한 정략적 목적으로 시집보내져 아들 하나를 낳았다. 호한야 선우가 죽자 그들의 풍습대로 다시 호한야 선우 본처의 아들인 복주루 선우에게 맡겨져 두 딸을 낳았다. 그녀는 꽃은 물론 풀도 제대로 자라지 않는 사막이 대부분인 북쪽 추운 흉노 땅에서 비파를 타며 늘 고국을 그리워했다고 한다. 이러한 그녀의 한(恨) 맺힌 생애는 훗날 중국 문학에 허다한 소재를 제공하였다. 위의 시는 당나라(618~907) 시인 동방규(東方叫)가 멀고 낯선 호지(胡地)에서 풍습이 다른 이방인들과 섞여 살면서 봄날에 두고 온 고국과 가족을 그리워하는 왕소군의 애틋한 심정을 노래한 것이다.

우리나라의 경우 「황무지」에 비견되는 시로는 일제 강점 시절 맞이한 봄날의 암울한 심정을 노래한 이상화(李相和. 1901~1943)의 저항시 「빼앗긴 들에도 봄은 오는가」가 있다. 엘리엇이 영국에서 「황무지」를 발표한 1922년은 사상자만 3,500만 명에 이르는 제1차 세계대전(1914~1918)의 직후로서, 유럽인들이 정신적으로 황폐한 공백기를 겪던 때였다. 「빼앗긴 들에도 봄은 오는가」가 잡지 『개벽』에 발표된 1926년 역시 1919년의 3·1 만세 운동이 일제의 탄압으로 좌절되고 분출되었던 저항정신이 지하로 스며든 시기이다. 그래서 이들 시에서 나오는 봄날의 시대적 상황은 유사한 면이 있다.

| 엘리엇의 시詩 「황무지」의 역학적 의미 |

엘리엇의 시(詩) 「황무지」에서 제목인 '황무지'는 무엇을 뜻하는

가? 그것은 전반적으로 제1차 세계대전으로 유럽인들이 그간 누려온 문화적 자존심과 물질적 풍요로움이 송두리째 파괴된 상황에서 그들이 체감하는 문명과 정신의 황폐함을 나타내는 상징적 함의를 지닌다.

그러나 필자가 엘리엇의 시(詩) 「황무지」에서 특히 흥미로워 하는 것은 제목인 '황무지'가 양력 4월, 즉 음력 3월의 토(土)로서 담고 있는 역학적(易學的) 의미이다. 12지지(地支)로서 1년 열두 달을 나타내는 지지기월(地支紀月)에서 오행의 土(토)는 음력으로 3월인 진월(辰月), 6월인 미월(未月), 9월인 술월(戌月), 12월인 축월(丑月)에 각각 배당되어 봄·여름·가을·겨울의 사계절을 이어주는 간절기(間節氣) 역할을 한다. 그런데 이때 각 간절기마다 토, 즉 흙이 하는 계절적 역할이 다르다. 필자는 엘리엇의 시 「황무지」가 주는 4월의 이미지를 지지기월에서 토가 담당하는 역학적(易學的) 입장에서 살펴보고자 한다.

▶ 간지의 의의와 기원

동아시아 철학은 기(氣) 사상에 터 잡고 있다. 기(氣)는 하늘의 기운을 나타내는 천간(天干)과 땅의 작용, 즉 하늘의 기운이 땅에 닿아 이로 인해 만물이 생장수렴(生長收斂)하는 모습을 표현하는 지지 (地支)로 구분된다. 구체적으로 천간은 갑(甲)·을(乙)·병(丙)·정(丁) ·무(戊)·기(己)·경(庚)·신(辛)·임(壬)·계(癸)의 10간으로 나뉜다. 반면 지지(地支)는 자(子)·축(丑)·인(寅)·묘(卯)·진(辰)·사(巳)·오 (午)·미(未)·신(申)·유(酉)·술(戌)·해(亥)의 12지지로 나뉜다. 이 러한 10천간(十天干)과 12지지(十二地支)의 합성어인 간지(干支)는 원 래 나무(木)의 간지(幹枝), 즉 나무의 줄기(幹)와 가지(枝)라는 뜻이다. 동아시아의 전통사회에서 간지는 연월일시(年月日時)의 주기성(週期 性)을 나타냄과 아울러 천문역법(天文曆法)의 원리에까지 적용되는 과학적 원리로 작용하였다.

순서	1	2	3	4	5	6	7	8	9	10	11	12
천간 天干	갑 甲	을 乙	병 丙	정 丁	무 戊	기 己	경 庚	신 辛	임 壬	계 癸		
지지 地支	자 子	축 丑	인 寅	묘 卯	진 辰	사 巳	오 午	미 未	신 申	유 酉	술 戌	해 亥

표 3 천간과 지지의 배열순서
(신성수, 『현대 주역학 개론』(대학서림, 2007) p.96 도표 인용)

위 표에서 천간의 경우 갑(甲)이 제일 먼저 나오는 이유는 춘하추동 사시의 변화에 따른 천간의 음양오행은 만물이 화생하는 동방의 木(봄)에서 시작하기 때문이다. 즉 갑과 을이 방향으로는 생명의 근원인 해가 떠오르는 동방, 오행으로는 木목 · 火화 · 土토 · 金금 · 水수의 다섯 가지 원소 중 유일한 생명의 표상인 木목에 해당하는 것이다.

반면 지지에서 자(子)가 제일 먼저 등장하는 이유는 12지지가 천문좌표(天文座標)와 밀접한 관계가 있는 까닭이다. 천문에서 두강(斗綱)* 은 11월에는 자방(子方)** 을 가리킨다. 지지의 음양오행에서 자(子)는 계절로는 겨울이고 방위로는 북방이다. 또한 자월(子月 : 음력 11월)은 24절기(節氣) 중 절(節)의 대설(大雪)과 기(氣)의 동지(冬至)가 속한 달이다. 그러므로 한겨울 동지에 순음(純陰)의 바탕에서 일양(一陽)이 시생(始生)하여 천기(天氣)가 비롯되는 북방에, 간지의 첫 번

---

* 두강(斗綱) : 북두칠성의 첫 번째 별인 괴성(魁星 : 국자 머리 부분의 첫 번째 별을 이름), 다섯 번째 별인 충성(衝星), 일곱 번째 별인 표성(杓星 : 국자 자루 부분의 끝별을 이름)의 세 별을 통틀어 가리키는 말이다. 천문에서 두강은 정월(正月)에는 인(寅), 2월에는 묘(卯), 3월에는 진(辰), 4월에는 사(巳), 5월에는 오(午), 6월에는 미(未), 7월에는 신(申), 8월에는 유(酉), 9월에는 술(戌), 10월에는 해(亥), 11월에는 자(子), 12월에는 축(丑)의 방향을 각각 가리킨다. 두강을 월건(月建 : 달의 간지)이라고도 부르는 이유다. ― 신성수, 『현대 주역학 개론』, 대학서림, 2007, p.100.
** 자방(子方) : 24 방위의 하나로서, 정북(正北)을 중심으로 15도 각도 안의 방향을 말한다.

시 詩로 보는 계절과 인생론
봄날은 간다 ― 역易 철학을 중심으로

째 순서인 자(子)가 있게 된다. 왜냐하면 자(子)는 사람이 태아로 자리 잡아 성장하는 모양을 그대로 본 뜬 것이기 때문이다. 이런 연유로 '子'는 종자(種子), 정자(精子), 난자(卵子) 등으로 씨앗의 의미도 갖는다.

그렇다면 왜 천간은 열 개이고 지지는 열두 개인가? 이는 동아시아에서 전통적으로 내려오는 천원지방(天圓地方), 즉 하늘은 둥글고 땅은 사방(四方 : 동·서·남·북)으로 모가 져 있다는 생각에서 유래한다. 도형으로 말할 때 하늘은 둥글기 때문에 원으로 표상한다. 해와 달이 이를 낮과 밤으로 나눔으로써 음양을 정하고, 음양은 목·화·토·금·수의 오행이 생(生)하는 순서(木生火목생화 → 火生土화생토 → 土生金토생금 → 金生水금생수 → 水生木수생목)대로 작용(즉 木의 음과 양, 火의 음과 양, 土의 음과 양, 金의 음과 양, 水의 음과 양)함으로써 열 개의 천간이 되어 춘하추동의 사계절을 이룬다.

반면에 땅은 모가 져 사방(四方)에 각(角)을 이루고 있다. 땅의 경우에도 오행이 음과 양으로 작용하므로 열 개의 지지가 있다. 그런데 토(土)가 동(東)인 봄(木), 남(南)인 여름(火), 서(西)인 가을(金), 북(北)인 겨울(水)의 동서남북 4정방위의 사이인 간방(間方)에 있으면서 이들 사계절을 주관하기 위해서는 두 개의 음양이 더 투입돼야 한다. 지지가 열두 개가 되는 이유가 바로 여기에 있다.[58]

중국 고대문헌(『事物紀原사물기원』등)에 의하면 대략 간지는 천황씨(天皇氏 : 중국 태고 시대의 전설적 임금. 삼황의 으뜸)가 만들었으며, 황제(皇帝)시대에 대요씨(大撓氏 : 요임금)가 황제의 명을 받아 비로소 천간과 지지를 배합하여 60갑자(甲子)를 만들었다고 한다.[59]

▶ 간지와 음양오행

　일반적으로 간지의 원리는 음양오행에 배합하여 설명되는데 이를 정리하면 다음과 같다.

　천간에서 갑을(甲乙)은 목(木)에 속하여 계절로는 봄(春)이고 방위로는 동방(東方)이며, 병정(丙丁)은 화(火)에 속하여 계절로는 여름(夏)이고 방위로는 남방(南方)이다. 무기(戊己)는 중화작용을 일으켜 춘하추동 사계절을 조절하는 역할을 하는 토(土)에 속하고 방위로는 중방(中方 : 즉 한가운데)이며, 경신(庚辛)은 금(金)에 속하여 계절로는 가을(秋)이고 방위로는 서방(西方)이다. 그리고 임계(壬癸)는 수(水)에 속하여 계절로는 겨울(冬)이고 방위로는 북방(北方)이다.

　이를 표로 만들면 다음과 같다.

시 詩로 보는 계절과 인생론
봄날은 간다 - 역易 철학을 중심으로

천간 天干	갑甲	을乙	병丙	정丁	무戊	기己	경庚	신辛	임壬	계癸
음양 陰陽	양 陽	음 陰	양 陽	음 陰	양 陽	음 陰	양 陽	음 陰	양 陽	음 陰
오행 五行	목木		화火		토土		금金		수水	
계절 季節	봄春		여름夏		사계四季		가을秋		겨울冬	
방위 方位	동방 東方		남방 南方		중방 中方		서방 西方		북방 北方	

표 4 천간과 음양오행의 계절과 방위

반면 지지의 경우 지지기월에서 12지지(地支)는 셋씩 마디를 지어 각각의 계절을 나타낸다. 인묘진(寅卯辰)은 음력 1월·2월·3월의 봄 (春), 사오미(巳午未)는 음력 4월·5월·6월의 여름(夏), 신유술(申酉戌) 은 음력 7월·8월·9월의 가을(秋), 해자축(亥子丑)은 음력 10월·11 월·12월의 겨울(冬)을 가리킨다.

즉, 봄을 나타내는 인묘진에서 인(寅)과 묘(卯)는 오행 중 목(木)에 해당하며, 계절로는 각각 초봄과 완연한 봄이고 방위로는 동방(東方) 인데, 음양으로 인(寅)은 양목(陽木)이고 묘(卯)는 음목(陰木)이다. 또한 마디 끝의 진(辰)은 오행 중 토(土)에 해당하고, 계절로는 늦봄이며 방위로는 동남방이고 음양으로 양(陽)이 된다.

여름을 나타내는 사오미에서, 사(巳)와 오(午)는 오행 중 화(火)에 해당하며, 계절로는 각각 초여름과 한여름이고 방위로는 남방(南方)인데, 음양으로 사(巳)는 음화(陰火)이고 오(午)는 양화(陽火)이다. 또한 마디 끝의 미(未)는 오행 중 토(土)에 해당하고, 계절로는 늦여름이며, 방위로는 서남방이고 음양으로 음(陰)이 된다.

가을을 나타내는 신유술에서, 신(申)과 유(酉)는 오행 중 금(金)에 해당하며, 계절로는 각각 초가을과 완연한 가을이고 방위로는 서방(西方)인데, 음양으로 신(申)은 양금(陽金)이고 유(酉)는 음금(陰金)이다. 또한 마디 끝의 술(戌)은 오행 중 토(土)에 해당하고, 계절로는 늦가을이며 방위로는 서북방이고 음양으로 양(陽)이 된다.

겨울을 나타내는 해자축에서, 해(亥)와 자(子)는 오행 중 수(水)에 해당하며, 계절로는 각각 초겨울과 한겨울이고 방위로는 북방(北方)인데, 음양으로 해(亥)는 음수(陰水)이고 자(子)는 양수(陽水)이다. 또한 마디 끝의 축(丑)은 오행 중 토(土)에 해당하고, 계절로는 늦겨울이며 방위로는 동북방이고 음양으로 음(陰)이 된다.[60]

시 詩로 보는 계절과 인생론
봄날은 간다 – 역易 철학을 중심으로

요약하면, 지지에서 인묘진(寅卯辰) 중 인과 묘는 목(木)에 속하여 계절로는 봄(春)이고 방위로는 동방(東方)에 배합하며, 사오미(巳午未) 중 사와 오는 화(火)에 속하여 계절로는 여름(夏)이고 방위로는 남방(南方)에 배합하며, 신유술(申酉戌) 중 신과 유는 금(金)에 속하여 계절로는 가을(秋)이고 방위로는 서방(西方)에 배합하며, 해자축(亥子丑) 중 해와 자는 수(水)에 속하여 계절로는 겨울(冬)이고 방위로는 북방(北方)에 배합한다. 나아가 각 마디의 끝인 진술축미(辰戌丑未)는 오행 중 토(土)에 속하여 계절로는 각각 늦봄의 습토(濕土), 늦가을의 건토(乾土), 늦겨울의 동토(凍土), 늦여름의 조토(燥土)의 성질을 지니고 방위로는 동·서·남·북 사방의 간방인 동남방, 서북방, 동북방, 서남방이 된다.

원래 12 지지는 태양계 여덟 개의 행성 중 세 번째 행성인 지구가 태양을 중심으로 공전하는 12개월 주기에서 나타나는 계절성과 지구의 위성인 달이 1년에 열두 번 공전한다는 사실, 그리고 태양계의 다섯 번째 행성인 목성의 공전주기가 지구년도로 대략 12년에 해당한다는 점이 고려되어 예로부터 천문책력의 중요지표로 사용되어 왔다. 이러한 지지기월의 기원은 매우 오래되었는데, 하(夏)나라는 인월(寅月), 은(殷)나라는 축월(丑月), 주(周)나라는 자월(子月)을 각 세수(歲首)로 삼았다. 그 후 한 무제(漢武帝)가 태초원년(太初元年)에 태초력(太初曆)을 만들고 다시 인월(寅月)로써 세수를 삼았는데 이것이

지금까지 사용되고 있다.[61]

이를 표로 나타내면 다음과 같다.

12 地支	자월 子月	축월 丑月	인월 寅月	묘월 卯月	진월 辰月	사월 巳月	오월 午月	미월 未月	신월 申月	유월 酉月	술월 戌月	해월 亥月
음양	陽	陰	陽	陰	陽	陰	陽	陰	陽	陰	陽	陰
오행	水	土	木	木	土	火	火	土	金	金	土	水
토의 성분		동토 凍土			습토 濕土			조토 燥土			건토 乾土	
방위 음력	北 11월	東北 12월	東 1월	東 2월	東南 3월	南 4월	南 5월	西南 6월	西 7월	西 8월	西北 9월	北 10월
계절	겨울(冬)		봄(春)			여름(夏)			가을(秋)			
계절	한겨울	늦겨울	초봄	완연한 봄	늦봄	초여름	한여름	늦여름	초가을	완연한 가을	늦가을	초겨울
절기 — 절節	대설 大雪	소한 小寒	입춘 立春	경칩 驚蟄	청명 淸明	입하 立夏	망종 芒種	소서 小暑	입추 立秋	백로 白露	한로 寒露	입동 立冬
절기 — 양력	12월 8일 경	1월 5일 경	2월 4일 경	3월 5일 경	4월 5일 경	5월 6일 경	6월 6일 경	7월 7일 경	8월 7일 경	9월 8일 경	10월 8일 경	11월 7일 경
절기 — 기氣	동지 冬至	대한 大寒	우수 雨水	춘분 春分	곡우 穀雨	소만 小滿	하지 夏至	대서 大暑	처서 處暑	추분 秋分	상강 霜降	소설 小雪
절기 — 양력	12월 22일 경	1월 20일 경	2월 19일 경	3월 20일 경	4월 20일 경	5월 21일 경	6월 21일 경	7월 23일 경	8월 23일 경	9월 23일 경	10월 24일 경	11월 22일 경

표 5 지지와 오행 중 토의 성분 및 지지와 절기

▶ 토(土)의 역할과 「황무지」의 비교

위의 표에서 보면, 「황무지」에서 잔인한 달로 묘사한 양력 4월은 12지지에서 진월(辰月) 즉, 음력 3월에 해당한다. 그러나 지지기월에서 진월(辰月)은 계절로서는 늦봄이고 절기로서는 농사짓기에 가장 좋은 청명과 곡우가 있다. 또 진월은 인월(寅月)에 싹을 틔운 초목이 묘월(卯月)에 왕성한 성장을 한 후, 다음 달인 사월(巳月)에 꽃을 피울 준비를 하는 때다. 이런 연유로 역학(易學)에서 이때의 진토(辰土)는 봄의 목기(木氣)와 여름의 화기(火氣) 사이에서 뻗쳐 나가기만 하던 목기를 저지하여 화기 작용으로 돌려주는 역할을 한다고 본다.

필자는 역학적인 견지에서 잔인한 계절로 묘사될 수 있는 달은 음력 3월의 진월이 아니라 음력 12월의 축월이라고 본다. 겨우내 죽어 있던 대지 위에 봄비가 내려 잠든 뿌리를 깨움으로써 추억과 욕정을 뒤섞어 라일락을 키워내는 준비를 하는 땅으로는, 겨울에서 봄으로 넘어가는 간절기의 역할을 하는 축월의 축토가 제격이다. 왜냐하면 봄은 겨울 동안 안쪽으로 수렴되어 응축되어 있던 자연의 힘이 바깥으로 터져 나오려는 계절이고, 이러한 봄은 어둠과 빛, 차가움과 따뜻함이 서로간의 경계를 침범하는 긴장관계를 통과하여 오기 때문이다. 그래서 봄이 되기 직전의 시기는 일 년 중 가장 큰 변화를 겪는 때이기도 하다.

즉, 겨울 동안 얼어붙은 채 잠들었던 동토(凍土)인 축토는 음 기운이 가장 극성한 해자(亥子)의 겨울 수국(水局)에서 양 기운이 자라나게 하여(一陽始生일양시생) 인묘(寅卯)의 봄 목국(木局)으로 바뀌게 하는 변화의 중요한 계기를 만든다. 축(丑)은 땅 속에서 배양된 초목의 새로운 싹이 땅 표면을 뚫고 땅 위로 나오려 하지만, 땅 위는 아직은 춥고 얼어 있어서 좀처럼 나올 수 없는 시기이다. 그러나 초목은 뿌리를 뻗어 새로운 흙을 틀어쥐고 양분을 취하여 에너지를 모으는 등 새 생명을 내기 위한 움직임을 진작부터 시작하였다. 이는 자월(子月)에 잉태(一陽始生)한 양수(羊水) 속의 태아가 만삭이 되어 태어나기 위한 고통스런 몸부림에 해당되어 살벌하고 잔인하다. 왜냐하면 봄에 싹을 틔우고 꽃을 피우는 등 새로운 생명을 탄생시키는 과정은 아기의 출산처럼 고통스럽고 그 탄생의 엄숙한 순간을 방해하는 것은 어떤 것이든 용납되지 않는 것이 우주의 무한한 섭리이기 때문이다. 그러므로 이는 우주가 폭발하기 직전의 혼돈(chaos) 상태에 비유된다. 축(丑)이 원래 덩치가 큰 소(牛)로서 상징되지만 그렇다고 이것이 계절의 기운이 소의 성질처럼 유순하다는 것을 뜻하지는 않는다. 소의 둔중한 행동은, 오히려 그만큼 새로운 생명이 태어나는 과정이 험난하다는 것을 표상한다고 하는 것이 정확할 것이다.

그리하여 음력 3월의 진토가 봄(木)의 양기(陽氣)에서 여름(火)의 극성한 양기(陽氣)로 넘어가는 과정(木生火목생화)에서 양적(量的) 조정자로서의 역할을 함에 그치는 반면, 음력 12월의 축토는 극성한 겨울의 음기(陰氣)에서 봄의 양기(陽氣)로 전환(水生木수생목)하는 질적(質的) 주재자로서의 역할을 하는 것이다.

덧붙이면 술토(戌土) 역시 가을(金)의 음기(陰氣)가 겨울(水)의 극성한 음기(陰氣)로 자라나는 과정(金生水금생수)에서 약간의 촉매 작용을 하는 것으로 볼 수 있다. 그러므로 진토와 술토는 계절의 변화 과정에서 양적(量的)인 작용을 하는 점에서 공통적이다. 반면 미토(未土)는 양 기운이 가장 극성한 사오(巳午)의 여름 화국(火局)에서 음 기운이 자라나게 하여(一陰始生) 신유(申酉)의 가을 금국(金局)으로 바뀌게 하는(火剋金화극금) 중요한 계기를 만든다. 그래서 축(丑), 진(辰), 미(未), 술(戌)의 4토 가운데서도 특히 겨울에서 봄으로 바꾸는 역할을 하는 축토와 여름에서 가을로 바꾸는 역할을 하는 미토가 중요하다.[62] 단, 축토와 미토는 같은 질적인 작용을 한다고 볼 수 있지만 차이는 있다. 즉 축토는 수생목의 상생 작용인 반면 미토는 화극금의 상극 작용이다.

지지기월에서 4토를 '진술축미'라고 하여 진토와 술토, 축토와 미토로 서로 대칭시키는 까닭이 여기서 연유한다.

▶ 수(水)로서의 비의 작용

이처럼 토는 일 년 중 사계절 전부에 관여하지만 각 계절에 따라 토가 작용하는 모습은 각기 다르다. 말하자면 토의 다양한 특성이 계절에 따라 다르게 나타나는데, 이는 비가 사시사철을 두고 내리지만 각 계절에 따라 작용을 달리하는 경우와 유사하다.

비는 토(土)의 계절적 작용에 추동력을 주는 역할을 한다. 비가 내린 다음 더디 오던 계절의 색깔이 완연하여지거나 오고가는 계절의 변화가 한결 빨라지는데 이는 비가 토의 안으로 스며들어 토의 계절적 작용을 가속화하는 촉매작용을 하기 때문이다.

비가 이처럼 물질인 토, 즉 흙의 안으로 스며들 수 있는 까닭은 오행 중 비의 원형인 수(水)가 가장 미세한 탓이다. 비의 구체적 형상으로는 겨울에서 봄으로 바뀔 때 촉촉이 땅을 적시며 내리는 보슬비(細雨세우), 봄에서 여름으로 넘어갈 때 나뭇잎 위로 줄기차게 쏟아지는 폭우(暴雨 : 급하게 내리므로 땅으로 스며들지 못하고 대지를 흘러내림), 여름에서 가을로 넘어갈 때 내리는 서늘한 이슬비(梅雨매우), 가을에서 겨울로 넘어갈 때 낙엽 사이를 스며드는 차가운 비(寒雨한우)를 생각할 수 있다.

이런 연유로 이십사절기에도 바람(風)을 상징하는 절기는 없으나 비(雨), 이슬(露)과 서리(霜), 눈(雪)의 형태로 수(水)와 연관된 절기는 다수 있게 된다. 봄의 우수(雨水)와 곡우(穀雨), 여름의 망종(芒種 : 비가 내리면 곡식을 심는다.), 가을의 백로(白露), 한로(寒露), 상강(霜降), 겨울의 소설(小雪)과 대설(大雪) 등이다. 이들 계절 중 유독 가을이 백로(白露), 한로(寒露), 상강(霜降) 등으로 세 개의 수(水) 마디를 가지는 이유는 가을이 깊어감에 따라 음(陰)이 성하여 가는 현상이 외부적으로 뚜렷하게 나타나기 때문이다.

▶ 북유럽의 봄과 한반도의 봄

엘리엇(1888~1965)은 미국에서 태어나, 하버드 대학과 프랑스의 소르본느(Sorbonne) 대학, 영국의 옥스퍼드(Oxford) 대학 등에서 수학(修學)하였다. 그는 제1차 세계대전(1914~1918)이 발발한 1914년 이후에는 영국에서 살았고 그곳에서 죽었다.

영국이 속한 북유럽은 한반도가 속한 동아시아 지역보다 늦게 봄을 맞이한다. 영국은 북위 51° 정도에 위치해 있고 한반도는 북위 38° 정도에 놓여 있어 위도상 영국이 북극에 더 가깝기 때문이다. 위도가 높은 지역일수록 봄의 시작이 늦어 겨울이 길고, 위도가 낮은 지역일수록 봄의 시작이 빨라 겨울이 짧다. 왜냐하면 지구 상 각 지역의 기온은 해류(난류와 한류)와 지형적 특성(내륙지역과 해안지역), 계절풍 등의 영향을 받기도 하지만 계절변화의 근본 원인은 각 지역의 지표면이 받는 태양 복사에너지의 양에 의하여 결정되기 때문이다.

아래 그림은 지구에 비치는 햇빛의 이미지이다. 같은 폭의 햇빛을 생각하면 그림과 같이 고위도 쪽이 따뜻해지는 범위가 넓다. 같은 폭의 햇빛이 주는 복사에너지의 양은 일정한데 받아들이는 면적의 범위가 넓으면 일정 면적이 받아들이는 열량은 적어진다. 그래서 고위도 지역일수록 저위도 지역보다 추워진다.

고위도일수록 추운 이유
지구에 비치는 햇빛의 이미지, 같은 폭의 햇빛을 생각하면, 고위도 쪽이 따뜻해지는 범위가 넓다. 그래서 일정한 면적이 받아들이는 열량은 고위도일수록 적어진다. 그 밖에 설빙이 많아 햇빛을 반사하기 쉬운 것도 고위도일수록 추운 이유로 꼽힌다.

햇빛

햇빛

적도 부근에 비해 따뜻해지는 면적이 넓다.

적도

〈그림 5〉 고위도 지역일수록 추운 이유

북유럽의 봄은 서쪽에서 불어오는 바람에 실려 온다. 겨우내 얼어붙은 땅 위를 따스한 서풍(西風)이 스치고 지나가면 잠자던 뿌리가 물을 빨아올려 메말랐던 가지를 적시기 시작하고 씨앗이 움터 싹이 돋고 꽃이 피어난다. 이는 편서풍으로 인해 아메리카 원해(遠海)에서 흘러오는 멕시코 만류의 영향을 받기 때문이다. 멕시코 만류는 무역풍에 의해 형성되는 북적도(北赤道) 해류가 근원이다.

대서양에서 뜨거운 태양빛에 달구어져 염도가 높고 고온다습해진 적도 부근의 해류는 무역풍을 받아 서쪽으로 흘러, 아메리카 대륙의 멕시코 연안에 이른다. 이후 북아메리카의 동해안을 따라 북상한 해류는 북극에 이르기 전 편서풍의 영향으로 진로를 바꾸어 유럽 앞바다에 이른다. 영국을 비롯한 북유럽 국가들이 우리나라의 함경북도보다 고위도에 위치해 있음에도 불구하고 오히려 우리나라의 겨울보다 따뜻한 기후를 보이는 것은 평균수온이 20℃ 안팎에 이르는 이 해류의 작용 때문이다.

반면 우리나라의 봄은 위도와 해발고도의 영향을 받으므로 남쪽에서 북쪽으로 와, 얕은 곳에서 높은 곳으로 올라간다. 2월 말이 되면 시베리아의 고기압으로 생긴 한랭 건조한 북풍을 대신해 태평양 고기압의 영향을 받은 따스한 남풍이 불기 시작한다. 태평양 고기압은 아열대 해상에서 만들어지기 때문에 따뜻하며 포함하고 있는 수증

기의 양도 많다. 그래서 이 고기압에서 부는 바람 또한 온난 습윤하다. 그러면 우리나라의 경우 그때까지 계속되던 매서운 추위가 물러가면서 봄이 오기 시작한다.

기상학적으로 봄, 여름, 가을, 겨울로 구분되는 사계절의 시작은 9일간의 '일평균 기온(해당 날짜의 10년 치 일평균 기온의 평균으로 따짐)'의 평균값을 기준으로 하여 정한다. 즉, 봄은 그 평균값이 5℃ 이상으로 올라간 뒤 다시 떨어지지 않는 첫날부터, 여름은 그 평균값이 20℃ 이상 올라간 후 다시 떨어지지 않은 첫날부터, 가을은 그 평균값이 20℃ 미만으로 내려간 후 다시 올라가지 않은 첫날부터, 겨울은 그 평균값이 5℃ 미만으로 내려간 뒤 다시 올라가지 않은 첫날부터가 된다.[63]

그러므로 기상학적 견지에서 계절의 변화를 파악하는 서양인들은 계절풍이 주는 현상적(現象的)이고 감각적인 느낌으로 기후의 변화를 인지한다고 할 수 있다. 그리고 이를 언어로 표현한다. 반면 고대로부터 음양론적 사유에 터 잡은 태음태양력을 사용하여 온 동아시아인들은 계절의 변화를 태양의 위치변화로 인한 음양의 이치에 따라 근원적으로 파악한다. 그리고 이것을 도막절(陰, --)과 온절(陽, -)을 사용한 괘상으로 표현함으로써 나타나는 현상을 보다 본질적으로 파악한다. 글과 말의 언어는 단지 그때 그 상황만 머리에 떠오르게

시 詩로 보는 계절과 인생론
봄날은 간다 – 역易 철학을 중심으로

하지만 도막절과 온절을 조합한 괘상으로 표현하면 눈으로 음과 양을 동시에 바라볼 수 있어 현상을 전체적인 관점에서 근본적으로 파악할 수 있다. 이것이 필자가 시(詩) 황무지에서 토의 역학적(易學的) 의미를 다룬 이유이기도 하다.

그런즉, 서구 시인 엘리엇이 그의 시 「황무지」에서 4월을 잔인하다고 표현한 계절적 의미는 동아시아의 역학적 관점에서 볼 때 현상적이고 감각적이다. 봄철에 움이 트고 싹이 돋는 것은 사실 양(陽)의 공로가 아니다. 기나긴 겨울 동안 씨앗과 뿌리를 갈무리해온 음(陰)의 인내가 있었기 때문이다. 다만 그 겉모습이 4월에 드러났을 뿐이다. 그런데도 사람들은 매양 겨울을 견디어 온 음의 숨은 역할은 잊은 채로 겉으로 보이는 봄의 현상만 찬양하는 듯하다. 그러나 역 철학을 사유의 바탕으로 하는 동아시아의 문화 환경에서 자란 시인이라면 모름지기 겉으로 드러난 봄의 현상과 함께 겨울 동안의 보이지 않는 자연의 움직임도 같이 볼 수 있어야 한다.

2. 정지상의 「송인」과 중국의 「양관삼첩」

우리 시사(詩史)에는 고려 때부터 전해오는 빼어난 이별 노래가 있다. 정지상(鄭知常, 1084~1135)*의 7언 절구(七言絶句) 한시(漢詩)「송인」(送人)이 그것이다. 전문(全文)을 소개한다.

비 그친 긴 둑엔 풀빛이 짙은데

임 보내는 남포에서 슬픈 노래 부르네

대동강 저 물은 어느 때나 다 마를까

이별 눈물 해마다 푸른 물결에 보태지니

雨歇長提草色多

우헐장제초색다

送君南浦動悲歌

송군남포동비가

大同江水何時盡

---

* 정지상(鄭知常, 1084~1135) : 고려 인종(仁宗) 때의 문인. 초명은 지원(之元), 호는 남호(南湖). 평양 정씨의 시조. 예종(睿宗) 7년(1112)에 등제, 정언(正言)·사간(司諫) 등의 벼슬을 지냈다. 묘청(妙淸)·백수한(白壽翰) 등과 함께 서경천도와 칭제를 주장, 묘청 난이 일자 이에 관여하였다는 혐의로 김부식에게 피살되었다. 역학(易學)과 노장(老莊) 철학에 조예가 깊었다. 특히 그의 시풍(詩風)은 만당(晚唐)의 풍으로 매우 청아하며 호일(豪逸)하였다.

대동강수하시진

別淚年年添綠波

별루연년첨녹파

정지상의 「송인」을 이야기할 때 빼놓을 수 없는 것이 당나라 시인
왕유(王維, 699~759)* 가 안서로 사신 떠나는 친구 원이를 전송하며 읊
은 「送元二使安西」(송원이사안서)이다. 왕유의 이 시는 『악부시집』에 「渭
城曲」(위성곡) 또는 「陽關曲」(양관곡)이라는 제목으로 올라 있는데, 당시
부터 이별의 노래로 널리 애창되었다. 보내는 애달픈 정(情)을 한껏
높이려고 결구(結句)를 세 번 되풀이한다고 하여 「陽關三疊」(양관삼첩)
이라 부르기도 한다. 아래는 그 전문이다.

위성의 아침 비가 가는 먼지 적시니

객사엔 파릇파릇 버들 빛이 새롭다.

그대에게 다시금 한 잔 술 권하노라

양관을 나서면 아는 이가 없을지니.

---

* 왕유(王維, 699~759) : 중국 성당(盛唐): 때의 시인 겸 화가이다. 자는 마힐(摩詰).
산서성(山西省) 출신으로 21세 때 진사에 급제하였으며 벼슬이 상서우승(尙書右丞)에
이르렀다. 당대 자연시의 제1인자로서 산수화에도 능하여 남종화의 시조로 추앙된다.

渭城朝雨浥輕塵

위성조우읍경진

客舍靑靑柳色新

객사청청류색신

勸君更進一杯酒

권군갱진일배주

西出陽關無故人

서출양관무고인

※ 更進 : 다시 올려 드림

중국에서는 예로부터 길 떠나는 벗에게 정표로 버들가지를 꺾어
주면서 송별하는 풍습이 있었다. 왕유의 이 시는 먼저 자연 경치를
묘사(기·승구 起承句 : 비 오는 위성의 아침 정경과 객사의 주변 풍경)하고, 그
뒤에 시인의 정서나 심사(전·결구 轉結句 : 술잔을 벗에게 건네며 양관 땅으
로 나가면 아는 이 없어 술 한 잔 권해줄 사람조차 없을 외로운 처지를 위로함)를
나타낸다.

정지상의 「송인」 또한 먼저 자연 경치를 묘사(기·승구 : 비 그친 긴 둑
의 짙은 풀빛과 임 떠나보내는 남포의 정경)하고 그 뒤에 시인의 정서나 심
사(전·결구 : 이별이 슬퍼 흘리는 눈물로 대동강 물이 미처 마를 겨를이 없음)를

나타내는 시상(詩想) 전개를 따른다.[64]

　시의(詩意)의 중심은 이별이고 비, 강, 눈물 등으로 단장(斷腸)의 슬픔이 묘사되고 있다. 그런데도 시가 우울하지 않고 주는 느낌이 산뜻한 이유는 바로 기구(起句)에서 형상화한 자연의 시각적 이미지 때문이다. 긴 둑의 풀이 비 온 뒤의 청신함으로 그 생명력을 강하게 드러내 보임으로써 오히려 이별의 슬픔이 역설적으로 더욱 짙게 다가온다. 어느 봄날 분위기로 느껴지기도 한다. 승구(承句)에서는 기구(起句)에서 보여 준 풍성한 자연을 자신들의 처지에 대비시킴으로써 이별의 정한을 묘사한다. 여기서 남포는 이별하는 사람뿐만 아니라 다시 찾아오는 사람을 기다리며 기뻐하는 이들도 있는 공간이라는 이중성이 이제 막 이별하는 사람들에게 더 큰 슬픔을 안겨줄 것이다.[65]

　전구(轉句)와 결구(結句)의 강물과 눈물은 인간 세계 어디서나 존재하는 이별의 모습을 보여줌으로써 이별을 개인적인 차원에 국한시키지 않고 좀 더 인류 보편적 내지 사회적 의미로 환원시킨다. 동시에 여기서 그대(君)와 시적 자아의 단순하지 않은 긴 이별과 끊임없이 이어지는 그리움을 표출하고 있다.

　정시상의 「송인」은 한시를 짓는 사람이라면 평하지 않은 이가 없을 정도로 많은 관심과 사랑을 받았다. 이 시는 대동강의 부벽루(浮

碧樓)에 걸려 있었다. 부벽루는 고려조와 조선조의 숱한 문인들이 올라 대동강의 아름다움을 읊었던 곳으로 역대 이름 난 문인들의 많은 시가 적혀 있기도 하다. 명나라의 사신이 조선에 오면 평양을 들렀고 평양에 오면 반드시 찾는 곳이 바로 이 부벽루였다. 이들을 맞는 접빈사(接賓使)들은 미리 부벽루의 모든 시들을 치웠다. 그리고 오직 정지상의 「송인」만 걸어 두었는데, 중국 사신들은 이를 읽고 하나같이 감탄하며 신운(神韻)이라고 극찬하곤 하였다.[66]

우리 한시 사(漢詩史) 중 정지상의 「송인」만큼 이별의 정감과 한을 곡진히 표현해 낸 작품은 일찍이 없었다. 이 시는 우리 시사(詩史)에서 모든 이별시의 원형적 이미지를 그대로 갖추고 있다고 하여도 과언이 아닐 것이다.[67] 이는 「송인」이 불리운 이후로 수많은 문객(文客)들이 이 시에 나오는 '다多·가歌·파波'의 차운(次韻)을 시도한 것에서도 알 수 있다. 전송열의 논문[68]에 따르면 우리나라 시선집 및 문집에서 나타나고 있는 「송인」에 대한 차운시는 모두 33명에 의해 씌어진 35題(제) 47首(수)로 나타난다. 문집으로 전하는 유명인들의 시작(詩作)이 이런 정도이니 장삼이사(張三李四)의 그것까지 합치면 부지기일 것이다. 가장 최근의 것으로는 현대시이면서도 「송인」을 차운하였다고 볼 수 있는 이수복(1924~1986)의 시 「봄비」가 있다.

이수복은 해설 글에서 이 시(詩)가 정지상의 시 「송인」을 차운한 것이라고 밝혔다.[69] 한시의 특징 중 가장 큰 것이 압운(押韻), 즉 같은 운자(韻字)를 써서 시를 짓는 것이다. 압운에는 운을 구(句)나 행(行)의 첫머리에 두는 두운(頭韻), 중간에 반복하여 다는 요운(腰韻), 끝에 배치하는 각운(脚韻)이 있다. 한시는 주로 각운을 쓴다. 「송인」은 각운 중 '다多·가歌·파波'의 가운(歌韻)을 쓰고 있다. 「봄비」는 이를 각운 '-다'로 차운(次韻)하였다.

이 비 그치면 / 내 마음 강나루 긴 언덕에 / 서러운 풀빛
이 짙어 오것다
푸르른 보리밭 길 / 맑은 하늘엔 / 종달새만 무어라고
지껄이것다
이 비 그치면 / 시새워 벙글어질 고운 꽃밭 속 / 처녀애
들 짝하여 새로이 서고
임 앞에 타오르는 / 향연(香煙)과 같이 / 땅에선 또 아지
랑이 타 오르것다

1연은 이별의 슬픔을 '서러운 풀빛'으로 표현함으로써 원시를 그대로 따랐다. 2연은 원시의 '動悲歌동비가'를 '종달새'같은 청각적인 매개체로 그리움의 심상을 형상화하여 원시(原詩)와 같은 감각을 유지하였다. 3연은 봄이 오면 당연히 꽃이 피는 자연의 영원성과 님의 부재라는 인사(人事)의 단절성을 대조시킴으로써 떠난 임에 대한 슬품을 더욱 짙게 한다. 4연은 해마다(年年) 봄이 오면 일렁이는 아지랑이처럼 죽은 님의 모습이 떠오르는 것이 원시의 의경(意經 : 정취, 풍경)인 일렁이는 파도와 연결되어 시상이 전개되었다.[70]

　이처럼 「송인」에 대한 차운 시가 많이 시도된 이유는 시인들마다 원운(原韻)이 가지는 뛰어난 작품성을 자신도 한번 시험해 보고자 하는 의도가 있었기 때문이다. 아울러 시가 지어진 곳이 시인·묵객들이 가장 많이 찾는다는 대동강이라는 문학적 장소성도 상당한 영향을 주었을 것이다. 게다가 봄비가 주는 계절적 감각은 유별난 면이 있다. 따지고 보면 기승전결로 이어지는 「송인」의 28자(字) 중에서 비를 뜻하는 한자 雨(우)는 보이지만 봄을 뜻하는 한자 春(춘)은 어디에도 없다. 그러나 「송인」을 차운한 이수복의 시제(詩題) 역시 '봄비'인 것을 보면 「송인」이 봄날의 이별 정서를 그린 것임에는 틀림없다. 그러나 「송인」이 나온 이후 천년 가까운 세월이 지났지만 봄의 서정성을 나타낸 것으로 아직 원운 만한 작품이 없다는 것이 시단(詩壇)의 중론이다.

　그러므로 「송인」의 뛰어난 작품성에 대해서는 재론하는 것이 오히려 부담스럽다. 그럼에도 필자가 이렇게 장황하게 소개하는 것은 이 시가 본서의 표제(標題)이기도 한 '봄날은 간다'를 제시어로 하는 시론(詩論)의 마중물 역할을 한다고 생각되기 때문이다.

백설희의 노래
「봄날은 간다」

1. 「송인」과의 비교

백설희가 부른 대중가요 「봄날은 간다」는 1953년에 대구에서 발표되었다. 필자는 문학과 가요를 포함한 우리의 예술사 전체에 있어서 봄날의 서정을 가장 잘 표현한 작품으로 「봄날은 간다」 이전에는 정지상의 「송인」을 꼽고 싶고, 「송인」 이후로는 백설희의 노래 「봄날은 간다」를 들고 싶다. 물론 이들 두 작품은 발표된 시대적 배경에 차이가 있고 한시(漢詩)와 대중가요라는 형식적 틀도 다르다.

그러나 봄비 내린 뒤의 짙은 초록 색 강둑을 배경으로 연인을 떠나보내는 「송인」의 시적(詩的) 색감(色感)과 '봄바람에 휘날리는 연분홍 치마', 그리고 '물에 떠서 흘러가는 새파란 풀잎'을 첫째 연과 둘째 연의 도입부로 삼는 「봄날은 간다」의 노래 색감은 너무도 닮았다. 두 작품 모두 읽는 이의 눈에 금방 보일 듯이 맑고 고운 시각적 이미지를 주기 때문이다. 무엇보다도 정지상의 시는 색감 있기로 유명하다. 그는 이미 5세 때에 물 위의 해오라기를 보고 "어느 누가 흰 붓으로 乙자를 강물에 썼는가(何人將白筆하인장백필 乙字寫江波을자사강 파)."하여 '강물 파래서 새 더욱 흰' 것을 노래하였다. 「봄날은 간다」 의 노래 말을 지은 손로원(1911~1973)은 본래 화가였다. 눈으로 보는 듯이 선명한 색감을 주는 두 작품의 시각적 이미지는 이러한 사실들 과 무관하지 않을 것이다.

또한 「송인」이 전구(轉句)와 결구(結句)에서 보이는 '대동강 저 물은 어느 때나 다 마를까 이별 눈물 해마다 푸른 물결에 보태지니'의 강력 한 반어적 기법은 '꽃이 피면 같이 웃고 꽃이 지면 같이 울자던 알뜰 한 맹세', '별이 뜨면 서로 웃고 별이 지면 서로 울자던 실없는 기약' 의 반어적 기법과도 통한다. 더욱이 이들 시와 가요는 모두 사랑하는 임과의 이별에 순응하고 체념하는 자세를 드러냄으로써 우리 민족 고 유의 정서인 '한'(恨)을 형상화하였다는 점에서 맥이 닿아 있다. 나아 가 이들 두 작품은 뛰어난 서정성으로 인해 발표된 이후 사람들에게 끼친 정서적 파급력과 공감적 크기에서도 엇비슷하다고 생각된다.

2. 노래의 이력(履歷)

「봄날은 간다」는 손로원(1911~1973)의 글에 박시춘(1913~1996)이 가락을 입히고 백설희(1927~2010)가 노래한 것이다. 백설희는 짧아서 황홀한, 화사해서 더욱 슬픈 봄날의 역설을 낭랑하면서도 체념에 젖은 목소리로 불렀다. 이 노래는 전쟁의 황폐함에 지친 당시 사람들의 삭막했던 심금을 울림으로써 공전(空前)의 사랑을 받았다. 이 노래가 명곡 중의 명곡인 것은 리메이크하여 부른 유명 가수가 이미자, 조용필, 배호, 나훈아, 황금심, 은방울 자매, 문주란, 박은경, 김도향, 김정호, 최백호, 심수봉, 한영애, 최헌, 이동원, 장사익, 주현미, 임지훈, 말로 등 수십 명에 이른다는 사실로도 입증된다. 뿐만 아니라 미술 · 무용 · 악극(樂劇) · 드라마 · 영화 등 다양한 장르에서 동명을 표제(標題)로 한 작품들이 쏟아져 나오고 그것을 소재로 한 공연도 많이 열렸다. '봄날은 간다'라는 문구가 주는 수사학적 상징성이 다양한 예술 장르가 공유할 수 있는 표제로 작용한 것이다.[71]

시 전문 계간지(季刊誌) 『시인세계』가 2004년 원로 시인에서부터 젊은 시인에 이르기까지 국내 저명 시인 100여 명을 대상으로 좋아하는 대중가요 노랫말 조사에서 이 시의 노랫말이 1위를 차지한 것도 마찬가지다. 그래서인지 고은, 안도현, 정일근, 이승훈, 허수경, 정군수, 이재무, 이주연, 이외수, 서봉석, 박신지, 김종철, 김종, 임철순, 고재종 등 많은 시인들 또한 동명을 제목으로 단 시를 썼다.

기형도 시인은 돌연한 죽음과 함께 그의 비극적 시 세계가 텍스트로 완성된 경우다. 그가 남긴 작품 중 상당수(「빈 집」, 「질투는 나의 힘」등)는 연극, 영화 등의 표제로 사용되고 공연으로 재창조되었다. 20대 후반 나이에 요절한 그의 죽음의 아우라(aura)가 불러일으킨 여러 문화적 현상은 우리 예술사에서 매우 특별했고, 가히 '기형도 신드롬'이라 할 만 했다.

기형도 시인 또한 동명을 제목으로 한 시를 썼는데, 이것이 1989년 그의 사후 유작(遺作) 형태로 발견되었다. 문학적 감수성에 바탕을 둔 영화 만들기를 좋아한 허진호 감독은 「봄날은 간다」라는 제목이 가지는 상징적 측면 등을 살펴 이를 표제로 한 영화를 만들었다. 필자가 알기로는 우리의 예술사에서 '봄날은 간다'라는 문구만큼 많은 사람들에게 다양한 내용으로 소재화(素材化)되어 문화계 장르 전반에서 광범위하게 표제로 사용된 경우는 일찍이 없었다. 다음은 이 노랫말의 전문(全文)이다.

「봄날은 간다」

- 손로원 작사, 박시춘 작곡, 백설희 노래 -

연분홍 치마가 봄바람에 휘날리더라
오늘도 옷고름 씹어가며
산제비 넘나드는 성황당 길에
꽃이 피면 같이 웃고 꽃이 지면 같이 울던
알뜰한 그 맹세에 봄날은 간다

새파란 풀잎이 물에 떠서 흘러가더라
오늘도 꽃 편지 내던지며
청노새 짤랑대는 역마차 길에
별이 뜨면 서로 웃고 별이 지면 서로 울던
실없는 그 기약에 봄날은 간다

열아홉 시절은 황혼 속에 슬퍼지더라
오늘도 앙가슴 두드리며
뜬 구름 흘러가는 신작로 길에
새가 날면 따라 웃고 새가 울면 따라 울던
얄궂은 그 노래에 봄날은 간다

3. 천양희 시인의 경우[*]

천양희 시인은 1942년 생으로 7남매 중 막내이고 부산 사상이 고
향이다. 어렸을 때부터 동요보다 언니들이 부르던 유행가를 즐겨 따
라했다. 「봄날은 간다」는 천양희 시인이 태어나서 부른 첫 유행가
다. 가장 좋아하고 또 잘 불렀다. '연분홍 치마가 봄바람에 휘날리더
라'란 첫 구절을 부를 땐 아무렇지도 않다가 '꽃이 피면 같이 웃고 꽃
이 지면 같이 울던'이라는 대목에 이르면 왠지 그녀도 모르게 슬픈
무엇이 느껴져 눈물이 나려고 했다.

천양희 시인의 고향 뒷산에는 봄이면 진달래가 지천으로 피었다.
성황당이 있는 절 골(寺谷)에는 산제비가 날아 다녔고 멀리 낙동강
흰 줄기도 보였다. 천양희 시인은 유행가를 얼마나 좋아했던지, 그
때 만약 어른들이 아이라서 못 부르게 했더라면 혼자 숨어서라도 불
렀을 것이라고 회고한다.

초등학교 4학년 담임이 여선생님이었다. 천양희 시인에게 '너는
커서 시인이 될 거야.'라고 하셨던 분이었다. 어린 아이가 유행가를

---

[*] 이 글은 천양희 시인이 『시인세계』 2004년 봄 호에 실은 것이다. 필자의 글 취향에 따라
몇 자 더하고 빼는 수준에서 전재(轉載)한다.

잘 부른다는 소문을 들은 선생님이 어느 날 천양희 시인에게 '너 유행가 잘 부른다면서?'하고 물으셨다. 천양희 시인은 아이들이 동요가 아닌 유행가를 부르면 어른들로부터 야단맞는다는 것도 모르고 잘 부른다고 대답했다. 그런데 선생님은 야단은커녕 빙그레 웃으시면서 어디 한 번 불러보라고 조르셨다. 그러나 선생님 앞에서는 어렵고 부끄러워 차마 부를 수가 없었다. 그 일이 있은 며칠 뒤 봄 소풍을 갔었는데 놀이 시간에 선생님이 불쑥 천양희 시인에게 유행가 한 곡 불러보라 하셨다. 천양희 시인은 그 때는 망설이지 않고 「봄날은 간다」를 구성지게 불렀다. 아이들은 어리둥절해 있는데 선생님이 조용히 말씀하셨다. 이 노래는 아이들의 동요가 아니고 어른들이 부르는 유행가지만 우리나라 여인들의 마음을 참 잘 표현하였다고 하면서 아주 잘 불렀다고 칭찬까지 해 주셨다. 그때 천양희 시인은 선생님의 눈에 고이던 눈물을 보았다.

예쁜 선생님에게도 무슨 슬픈 사연이 있는 것일까 생각하다가 천양희 시인은 시집 간 언니를 떠올렸다. 그 언니가 잘 불렀던 노래가 「봄날은 간다」였다. 사랑하던 사람과 맺어지지 못하고 부모의 뜻대로 중매결혼을 했던 언니는 특히 연분홍색을 좋아해서 친정에 올 때는 꼭 연분홍색 저고리와 치마를 입고 왔다. 언니는 친정에 오면 잊지 않고 뒷동산에 있는 성황당과 암자를 찾았다. 마치 누구하고 약속이나 한 듯이 꼭 들렀다 가곤 했고, 그 때마다 언니는 성황당 돌

탑에 돌 몇 개를 정성스레 올려놓고 무엇인가 빌었다.

성황당 고갯길을 넘으면 성불암이라는 암자가 있었다. 암자로 가는 고갯길을 넘어갈 때 언니의 연분홍치마가 바람에 휘날렸다. 앞서 가던 언니가 나지막이 「봄날은 간다」를 부르며 울고 있었다.

천양희 시인은 지금도 봄바람에 휘날리던 언니의 연분홍 치마와 그때 언니가 흘리던 눈물을 잊지 못한다. 가끔 노래방에서 「봄날은 간다」를 부를 때면 그때가 생각나서 천양희 시인도 조금 울 때가 있다. 초등학교 여선생님도, 언니도 왜 그 노래를 듣거나 부를 때면 눈물이 고이고 목이 메었을까. 천양희 시인은 오늘도 우리네 여인의 애환이 담긴 「봄날은 간다」를 부르며 여인의 애환이 무엇인지도 모르고 불렀던 어린 시절의 「봄날은 간다」를 그리워한다.

시 詩로 보는 계절과 인생론
봄날은 간다 – 역易 철학을 중심으로

4. 봄이 짧고 봄날이 슬픈 이유

봄은 짧고 봄날은 이내 간다. 그래서 봄의 계절적 이미지는 화사하고 황홀하다. 이를 기상학적 입장에서 설명할 수 없는 것은 아니다.

우리나라의 기후는 동북아시아의 몬순(monsoon)체계에 속한다. 그래서 북태평양에서 오는 고기압의 영향으로 인한 고온 다습한 여름과 시베리아 대륙에서 발달한 고기압이 가져오는 한랭 건조한 겨울이 연중 지배적인 계절이 된다. 반면, 봄과 가을은 이들 두 계절을 이어주는 전이적(轉移的)인 계절일 뿐이어서 상대적으로 짧기 마련이다. 그러나 필자가 보기에 봄이 짧은 보다 큰 원인은 봄이 잎보다 꽃을 앞세우고, 꽃이 먼저 피는 형식으로 오기 때문이다.

봄에 피는 꽃나무들의 대부분은 잎보다는 꽃을 먼저 피운다. 이런 꽃나무들은 여름이나 가을 동안 다음 해 봄에 피울 꽃눈을 미리 만들어 둔다. 겨울 날 이들 나무들을 살피면 앙상한 가지 위에 노파의 마른 젖꼭지처럼 붙어 있는 꽃눈들을 볼 수 있다. 꽃눈을 자세히 들여다보면 가는 솜털을 발견할 수 있는데 이것이 추운 겨울을 나기 위한 그들 나름의 준비인 셈이다. 날씨가 추울수록 꽃눈들의 껍질은 두꺼워지고 안의 솜털도 더 많이 생긴다. 이처럼 꽃들은 미리 꽃눈 형태로 만들어져 겨울 동안 움츠리고 있다가 봄의 햇살에 펼쳐지는 것과 다름없기에 봄에 만들어지기 시작하는 잎보다 먼저 모습을 나타낼 수 있다. 잎보다 꽃을 먼저 피우면 종족번식에도 유리하다. 경쟁자들보다 새들이나 곤충들 눈에 잘 뜨임으로써 꽃씨나 꽃가루를 먼 곳까지 퍼뜨릴 수 있고 그만큼 수정확률도 높아지기 때문이다.

그래서 봄은 잎보다 꽃이 먼저 피는 계절이다. 노란 색 개나리꽃과 산수유 꽃, 연분홍색 벚꽃과 진달래꽃, 하얀 색 목련 꽃 등으로 봄날의 색깔이 화사한 원인이기도 하다. 그러나 어쩌다 꽃샘추위가 다시 몰려오면 피어나던 꽃들은 이내 웅크린다. 그러다 이후 이들 추위가 물러가면 움츠러들었던 꽃들이 한꺼번에 피어난다. 그 때는 초록색 잎도 생겨나 꽃과 잎이 갖추어짐으로써 봄이 완성되지만 이는 이미 계절이 여름으로 넘어가고 있음을 의미한다. 그렇기에 봄은 오는 듯싶으면 이미 가고 있다. 사람들은 오는 봄을 미처 기뻐하기도 전에 가는 봄을 보게 된다. 그래서 봄은 짧기 마련이다.

이런 까닭으로 봄은 이별하기에 좋은 계절이기도 하다. 살면서 생길 수밖에 없는 젖은 상처들도 따뜻한 봄볕 아래서는 쉬 마를 것이다.[72] 그래서 이별이 주는 아픔 또한 짧은 봄날 가듯 홀연히 사라지고 훗날 언젠가 아지랑이처럼 피어오르는 먼 그리움으로 남을 터인즉. 영랑(永郎, 김윤식의 호, 1903~1950)이 그의 시「모란이 피기 까지는」에서 봄날을 '찬란한 슬픔'이라고 한 이유도 아마 이 때문일 것이다.

그렇다면, 의문 하나. 봄이 와서 꽃이 피는 것인가? 꽃이 피어 봄이 오는 것인가? 다시 말해 법적 사유(思惟)로 생각할 때, 꽃은 봄이 왔음을 알리는 확인적 효력이 있는가, 아니면 이들이 피어 봄이 오는 창설적 효력이 있는가?

백설희 이후의
봄날들
- 정일근과 기형도의 시 「봄날은 간다」

앞에서 이미 언급한 바와 같이 '봄날은 간다'를 제목으로 단 시는 아주 많다. 필자는 이들 중에서 두 편의 시를 '백설희 이후의 봄날들'로 전재한다. 정일근 시인과 기형도 시인의 시 「봄날은 간다」가 그것이다.

정일근 시인은 고향이라는 공간적 개념이 주는 장소성을 중심으로 원래의 노랫말을 패러디(parody)하여 시를 썼다. 그리하여 다시는 돌아갈 수 없는 소년 시절을 서정적 차원에서 노래하였다. 반면 기형도 시인은 그의 시 세계 전반이 그러하듯이 죽음을 화두로 하는 존재론적 차원에서 봄날을 노래하였다. 기형도 시인은 갈 데까지 간 죽음에 대한 사색이 20대 후반에 불과한 때의 요절로 현실화된 경우이다. 이른 새벽 종로 심야 극장에서 일어난 돌연한 그의 죽음은 그가 지닌 시 세계의 비극성을 더욱 고조시켰다. 그의 시 「봄날은 간다」에도 이러한 비극성이 침윤되어 있다. 그래서 필자는 정일근 시인의 봄날 노래를 산자(生者)의 '그리움'에 대한 봄날 노래로, 기형도

시인의 봄날 노래를 망자(亡者)의 '죽음에 대한 그리움'의 봄날 노래
로 대비시켜 보고 싶었다. 여기서 의미가 있는 부분은 죽음을 '그리
워'한다는 것이다.

「봄날은 간다」

- 정일근

벚꽃이 진다, 휘날리는 벚꽃 아래서
연분홍 치마가 휘날리더라, 그런 늙은 유행가가 흥얼거려진다는 것,
내 생(生)도 잔치의 파장처럼 시들해지고 있다는 이야기다

늘어진 벚나무 가지 사이로 경축 제40회 진해 군항제 현수막이 보인다
40년이라, 내 몸도 그 세월을 벚나무와 함께 보냈으니
쉽게 마음 달콤해지거나 쓸쓸해지지 않는다

이 나무지? 벚나무 아래서 그녀와 만나는 것을 지켜본 옛 친구는
시들한 내 첫사랑을 추억한다, 벚나무는 몸통이 너무 굵어져버렸다.
동갑내기였던 그녀의 허리도 저렇게 굵어졌을 것이다

담배를 피워 물고 친구는 지나가는 말로

같은 교실에서 공부를 했던 유씨와 류씨 성을 가진 친구들의 뒤늦은
부음을 전한다

친구들의 얼굴이 실루엣으로 떠올랐으나 선명하게 기억나지 않는다
류씨 성을 가진 친구는 나와 한 책상을 썼는데…… 잠시 쓸쓸해졌으나
눈물은 흐르지 않았다

이제 그 둘은 이 별에 없다
벗나무 아래서 만났던 첫사랑 그 소녀도 없다
터질 것처럼 뛰는 가슴을 가졌던 열일곱 나도 없다
돌아보면 화무십일홍(花無十日紅), 잔치가 끝나기도 전에 꽃이 날린다
우리는 모두 타인의 삶에 그냥 스쳐 지나가는 구경꾼일 뿐이다

꽃이 피면 같이 웃고
꽃이 지면 같이 우는

누구에게도 그런 알뜰한 맹세를 한 적은 없지만,
봄날은 간다
시들시들 내 생의 봄날은 간다

「봄날은 간다」

— 기형도

햇빛은 분가루처럼 흩날리고
쉽사리 키가 변하는 그림자들은
한 장 열풍에 말려 둥글게 휘어지는구나
아무 때나 손을 흔드는
미루나무 얕은 그늘 속을 첨벙이며
2時着 시외버스도 떠난 지 오래인데
아까부터 서울집 툇마루에 앉은 여자
외상값처럼 밀려드는 대낮
신작로 위에는 흙먼지, 더러운 비닐들
빈 들판에 꽂혀 있는 저 희미한 연기들은
어느 쓸쓸한 풀잎의 자손들일까
밤마다 숱한 나무젓가락들은 두 쪽으로 갈라지고
사내들은 화투패마냥 모여들어 또 그렇게
어디론가 뿔뿔이 흩어져 간다
여자가 속옷을 행구는 시냇가엔
하룻밤 새 없어져 버린 풀꽃들
다시 흘러 들어온 것들의 人事
흐린 알전구 아래 엉망으로 취한 군인은

2편 - 제1절 봄
백설희 이후의 봄날들   *131*

몇 해 전 누이 얼굴을 알아보지 못하고, 여자는
자신의 생을 계산하지 못한다
몇 번인가 아이를 지울 때 그랬듯이
습관적으로 주르르 눈물을 흘릴 뿐
끌어안은 무릎 사이에서
추억은 내용물 없이 떠오르고
小邑은 무서우리만치 고요하다. 누구일까
세숫대야 속에 삶은 달걀처럼 잠긴 얼굴은
봄날이 가면 그 뿐
宿醉는 몇 장 紙錢 속에서 구겨지는데
몇 개의 언덕을 넘어야 저 흙먼지들은
굳은 땅 속으로 하나둘 섞여들는지

1. 시를 쓰는 이유 – 타자에 대한 그리움

| 시 쓰는 이유 |

도대체 우리는 왜 시를 쓰는가? 시를 쓰는 이유는 닿을 수 없는 시간과 장소에 대한 그리움 때문이다. 그러므로 시를 쓰는 것 자체가 닿을 수 없는 그리움에 대한 표현이다.

가령 우리가 고향을 그리워하는 시를 쓰는 이유는 지나간 유년 시절이 배어있는 장소에 대한 그리움 때문으로 그 본질은 흘러간 시간에 대한, 다시는 돌아갈 수 없다는 안타까움의 표현이다. 그리고 시에는 이들에 대한, 미처 다 표현할 수 없는 그리움을 숨겨 놓을 여백이 많기 때문이다. [73]

인간은 공간이라는 추상적 개념보다는 장소라는 구체적 감각을 통해 그 존재가 확인된다. 의식적 시간 흐름이 공간적 장소에 투영됨으로써 인간이라는 추상적 존재가 삶의 실존적 주체[*]로 구체화되는 것이다. [74] 왜냐하면 인간의 몸은 물질로 되어 있어서 그 자체로 물

---

[*] 여기서 실존은 과학적 분석을 통해서 설명될 수 있는 객관적 대상으로서의 인간이 아니라 구체적 경험을 통해 인식되는 살아 있는 삶의 주체로서의 인간에 대한 이해를 가리킨다.

리적 수용 공간을 요청하거니와, 인간의 의식흐름 속에 존재하는 형이상적인 시간 개념은 형이하적인 장소를 만날 때 시간과 장소가 교차하는 하나의 사건으로 특정화되기 때문이다.

그러므로 장소는 특정 시간 속의 사건들이 수없이 겹쳐진 자취로서 삶에서 떼어낼 수 없는 본질적 요소이다. 그런즉 삶은 장소와 더불어 일어나는 사건과 행위들의 총체가 된다. 그리하여 실존적 사건과 행위들은 특정한 장소와 만나 윤색되면서 그 의미가 더해지거나 빛을 발한다. 그래서 존재의 철학자 하이데거는 장소를 "인간 실존이 외부와 맺는 유대를 드러내는 동시에 인간의 자유와 실재성의 깊이를 확인하는 방식으로 인간을 위치"시키는 것이라고 하였다. 이처럼 장소는 때때로 시간을 특정화하고 여기에 색깔과 향기를 덧입혀 인간 실존을 구체화하는 역할을 한다.[75]

그러나 모든 '공간'이 '장소'가 되는 것은 아니다. 그리고 같은 장소라 하더라도 그곳이 항상 의미 있는 '시적 장소'도 아니다. 내 마음의 허기(虛氣)가 냄새와 소리가 묻어있는 기억을 통해 그 장소가 발산하는 빛과 어두움을 절묘하게 만났을 때 비로소 '장소성'이라 부를 만한 공간적 개념이 성립한다.[76] 이때 기억은 오래된 것일수록 안으로 접히면서 더욱 깊은 곳으로 내려간다. 그리하여 장소가 기억을 되살리고 기억이 장소를 더욱 구체화함으로써 공간과 시간은 상호간 밀접히

작용하는 기제적 관계(機制的 關係 : mechanical relation)가 된다.

| 타자(他者) |

▶ 타자 – 외재성과 무한성을 지니는 존재

그런데 이렇게 구체화되는 장소로서의 인간 실존 영역에서는 타자(the other)의 존재가 필수적이다. 왜냐하면 나는 너로 인하여 존재할 수 있으며, 너 즉, 타자와 관계되지 않은 인간, 타자의 시선을 통해 드러나지 않은 인간이란 존재하지 않은 것과 같기 때문이다.[77] 그런 즉 인간은 타자와 함께 세계질서를 구축할 수밖에 없다. 여기서 타자란 "나와 다른 것" 또는 "나에게 낯설게 느껴지는 것"을 의미한다. 그런데 타자가 반드시 사람일 필요는 없다. 풀도 꽃도 바위도 타자가 될 수 있다. 심지어는 자신마저도 낯설게 느껴진다면, 타자라고 할 수 있다.[78] 소위 '주체 내부의 타자성'이다. 가장 완전한 의미에서의 타자는 죽음일 수도 있다. 누구도 죽음을 경험할 수는 없는 것이어서 누구에게나 죽음은 가장 낯선 것이기 때문이다.

타자의 철학자 레비나스(Emmanuel Levinas, 1906~1995)에 의하면 타자는 '외재성(外在性 : exteriority)'과 '무한성(無限性 : infinity)'을 지니는

존재다. 이는 주체는 그 어떤 방식으로도 타자를 완벽히 표상할 수 없으며(타자의 외재성), 이에 따라 타자는 그 어떤 범주나 체계로도 주체의 사유로 편입되지 않는다(타자의 무한성)는 것을 의미한다. 왜냐하면 주체가 표상할 수 있거나 주체의 사유로 편입되는 타자는 이미 타자가 아니라 주체이거나 주체의 일부일 수밖에 없기 때문이다. 그러므로 타자는 나와 전적으로 다른 존재일 수밖에 없다. 이에 따라 타자는 나의 삶에 포섭될 수 없는 초월성의 존재이며, 내가 완전히 파악할 수 없는 신비성을 지닌다. 레비나스는 이것을 타자가 그의 본질로서 가지고 있는 '타자성'이라고 하였다. 나아가 레비나스에게 있어서 타자는 단지 공존해야 할 '다른 자아'가 아니라, 주체를 구성하고 변화시킬 수 있는 '무한자'이다.[79]

> 그런데 이러한 타자와의 마주침, 그 사이에서 발생하는 낯선 느낌은 시와 소설 등을 포함한 모든 예술적 활동의 출발점이 된다. 왜냐하면 그 느낌을 제대로 포착해서 전달하기 위해 시인이라면 온갖 단어와 상징들을 찾을 것이고, 소설가라면 상황과 캐릭터를 재구성하려 할 것이기 때문이다. 또한 철학자라면 기존의 개념을 새롭게 정의하거나 새로운 개념을 창조함으로써 그 낯선 느낌을 보편적인 논리로 포착하려 할 것이며,[80] 음악가와 미술가라면 새로운 음조와 구도로 접근하려 할 것이다. 그러므로 이들 모두를 포함하는 예술은 이러한 타자와의 만남의 계기를 확대하고 반성적으로 수용한 것이다.[81]

▶ 타자와의 관계

그렇다면 인간은 이러한 타자와 어떤 관계를 구축하여야 존재로서의 가치를 의미 있게 이룰 수 있는가?

서구사회의 전통적 존재론은 "나는 생각한다. 그러므로 나는 존재한다."라는 데카르트의 선언으로 대표되는 인식주체인 '나'를 중심으로 한다. 여기에서는 '나' 이외의 모든 '타자'를 '나'의 인식 안으로 끌어들이며 '타자의 본질인 타자성'을 무시하고 '나와의 동일성'의 영역으로 환원한다. 그리고 모든 것을 자기중심적인 체계 안에서 재정의한다. 이런 의미에서 종전의 전통적 존재론은 모든 것을 예외 없이 전체 속에 체계화하는 전체성의 철학이라고 할 수 있다.[82] 왜냐하면 한 주체가 다른 주체의 동일성의 영역으로 환원된다는 것은 자신의 주체성을 상실하고 다른 주체에게 종속 내지 흡수된다는 것을 의미하기 때문이다.[83] 레비나스에 의하면 나치즘과 파시즘이 야기한 제2차 세계대전의 살육과 파괴의 참혹성은 이러한 전통적 존재론의 필연적 결과물이 된다.

레비나스는 하이데거 이후 존재의 새로운 지평을 연 사람이다. 그는 하이데거의 현존재론적 실존 개념과 후설(Edmund Husserl, 1859~1938)의 현상학적 사유 속에서 자랐지만 이들을 넘어섰다. 레비나스는 현상학적 방법을 그의 철학의 출발점으로 삼아, 종전 인간을 세계의 중심에 두는 동일성의 사유를 비판한다.[84]

레비나스에 의하면 주체 밖에 있는 타자는 주체가 어떠한 수단으로도 지배할 수 없는 절대적 외재성을 지닌다. 그러므로 레비나스는 타자는 '나'라는 동일자로 결코 환원되지 않으며, 그 타자에 대해 내가 가지는 윤리적인 책임성이 나의 초월을 가능케 하는 근본이라고 주장한다.

여기에서 윤리적 관계를 전제로 하는 것은 타자의 타자성은 나에 대해서 완전한 초월성과 외재성이 되기 때문이다. 즉 타자는 내가 완전히 파악할 수 없는 무한성을 지닌 존재로, 타자는 나에게 신비로운 세계와 같다. 그런즉 내가 타자를 받아들인다는 것은 나와 타자는 근원적으로 다르다는 타자성을 인정할 때 가능하며, 윤리 도덕적인 측면에서 타자에 대한 '환대로서의 주체성'을 인정하는 것이다.

레비나스의 철학에서, 타자를 나로 환원시킬 수 없는 이유는 주체의 주체성을 올바르게 드러내기 위해서이다. 즉, 레비나스는 주체가 주체로서 자신의 모습을 갖출 수 있는 조건을 타자와의 윤리적 관계를 통해서 찾고자 하는 것이다.[85]

그러므로 레비나스에 따르면 주체란 타자를 환대로서 맞이하는 섬김에서 나온 것이고, 진정한 주체성은 타자의 존재를 자기 안으로 받아들여 윤리적 관계를 맺을 때 비로소 가능하다.[86]

  그렇다고 '나'의 주체성이 완전히 포기되는 것은 아니다. 레비나스는 나의 나됨, 즉 나의 자기성의 성립 없이 윤리적 관계는 불가능하다고 보았다. '관계'란 개념 자체가 어느 하나로 환원될 수 없는 두 항의 분리를 전제로 하기 때문이다.[87] 그러므로 하이데거의 경우 존재는 '존재자의 존재'로서 늘 존재자를 통해서만 사유되지만, 레비나스의 경우 존재는 존재자에게 귀속되지 않는 외재적인 개념이 된다.[88]

  그리하여 레비나스의 타자 철학은 존재론이나 형이상학이 아니라 윤리학이 된다. 그 자신도 철학의 첫째 자리에 윤리학이 들어서야 한다고 말한다. 키에르케고르(1813~1855, 덴마크의 철학자이자 신학자로서 실존주의의 창시자로 여겨짐)의 단독자를 종교적인 개념으로 이해해야 하듯이, 레비나스의 타자 개념은 존재론이 아니라 윤리학의 문맥에서 이해해야 한다.[89] 이에 따라 종래의 전통적인 존재론에서 타자는 사고의 대상으로 '나'에 의해 그 존재의 의미를 부여받았지만, 레비나스에 이르면 타자는 '나'에게 윤리적 책임을 갖도록 명령하고 호소하는 존재가 된다.

▶ 사랑의 타자성

사랑이란 기실 이러한 타자와의 만남에 대한 낯설음과 설렘이나 다름없다.

매력적인 사람을 만나 사랑의 감정을 느낄 때 우리는 타자의 타자성을 가장 강하게 느낄 수 있기 때문이다. 그러므로 사랑의 신비는 우리가 처음 만난 타자를, 그 타자에 대해 아무 것도 아는 것이 없는데도 사랑하게 된다는 사실에서 가장 적나라하게 드러난다.

그런즉 우리는 누구를 알아서 사랑하는 것이 아니라 사랑해서 점차 알게 되는 것이다. 오직 사랑하는 사람이 생길 때라야 우리는 그 사람을 알고 싶다는 강렬한 욕망에 사로잡힌다. 그것은 사랑하면서도 그 사람이 나 자신과는 너무나 다르고 낯설다고 느껴지기 때문이다. 결국 사랑에 빠진 우리는 기묘한 비대칭 상태에 자신이 들어가 있다는 것을 자각한다. 여기서의 비대칭은 자신의 욕망과 느낌은 나름대로 알고 있지만, 반면에 사랑하는 사람이 원하는 것과 감정 상태는 거의 모르기 때문에 생긴다.

사랑에 빠진 사람은 항상 사랑하는 사람을 무한정 그리워하며 기다리게 된다. 상대방이 무엇을 원하는지 어떨 때 행복을 느끼는지 알려면 그럴 수밖에 없다. 따라서 누군가를 그리워하고 누군가의 기다림이 된다는 것은 행복이면서도 고통이기도 하다.[90]

왜냐하면 그리워하며 기다리는 상대방은 내가 어쩔 수 없는 타자이기 때문이고, 타자는 내가 고통스럽게 그리워하고 기다릴 때에만 비로소 나에게 다가와 만남이라는 행복을 선사하기 때문이다.

그러므로 그리움이 간절하면 간절할수록 만남은 우리를 행복 속에 데려다 준다. 그리고 기다림이 길면 길수록 기다리는 시간은 쓰라리고 아픈 형벌이 된다. 오늘 이 순간 우리는 무엇을 그리워하고 또 기다리며 살아갈 것인가? 사랑하는 사람아, 한 번쯤은 생각해 볼 일이다.[91]

| 그리움 |

글, 그림, 그리움은 다 같은 말이 된다. 모두가 동사 '긁다'를 같은 어원(語源)으로 하기 때문이다. 동굴 벽이나 나무에 긁으면 글이나 그림이 되고 마음에 긁어 새기면 그리움이 되기 마련이다.[92] 그렇다면 기다림과 그리움, 서러움은 같은 말일 수 있다. 왜냐하면 기다림이 길면 길수록 그리움은 더욱 커져갈 것이고, 커져가는 그리움 따라 서러움 또한 끝없이 깊어질 것이기 때문이다.

기다리는 시간은 쓰라리고 아플 수도 있다. 그만큼 서러운 마음은 절실해질 것이다. 마침내는 누군가를 향한 미움과 사랑도 기억의 지평선을 넘어서는 순간 그에 대한 먼 그리움이 될 수 있다. 그리하여 그리움이 존재의 전제이듯이 기다림은 삶의 조건이 될 지도 모른다. 결국 우리네 삶이란 지나간 시간을 추억하며 그리운 이를 기다리고 또 내일을 기다리며 서럽게 살아가는 과정일 수밖에 없다. 그리하여 우리는 살아있는 동안 항상 무엇인가를 그리워하고 서러워 할 것이며 종국에는 그런 마음 자체를 그리워할지도 모른다.

어쩌면 사랑하는 사람에 대한 그리움은 블랙홀이나 상대성 이론, 웜홀과 같은 과학의 정반대편에 놓인 것일지도 모른다. 블랙홀이나 웜홀, 시간의 상대성은 이론상으로는 정합하지만 누구도 경험할 수는 없다. 반대로 사랑과 그리움은 누구나 경험할 수 있지만 정합성 있는 이론으로 보편화할 수는 없다. 그리하여 사랑과 그리움이 무엇인지는 원시 캄브리아기(Cambrian period)의 태고(太古) 때나 첨단 나노(Nano) 문명의 지금이나 여전히 밝혀지지 않은 채 인간 정신의 미지 영역에 남아 있게 된다. 이들 감정은 진화하지도 퇴화하지도 않는, 다만 인간 본래의 구성요소인 원초적 본능이기 때문이다.[93]

위 두 편에 나오는 시의 장소성은 각각 다르다. 정일근 시인의 경우는 군항제를 지내는 진해의 벚나무 밑이며, 기형도 시인의 경우는 군부대 주위라면 어디에나 있음직한 '서울집'이 옥호인 술집이다. 그리고 두 장소 공히 여자가 등장한다. 정일근 시인의 경우는 벗나무 아래에서 만났던 동갑내기 첫 사랑이고, 기형도 시인의 경우는 대낮 서울집 툇마루에 앉아 오지 않을 사람을 기다리고 있는 술집 여인이다. 또한 이들의 공통점은 그들이 기다리는 봄날은 다시는 오지 않는다는 것이다.

철학자 칸트(Immanuel Kant, 1724~1804)가 시간을 우리의 감성형식으로 규정한 이후, 후설(Edmund Husserl, 1859~1938)의 현상학을 거치면서 과거 · 현재 · 미래라는 시간은 모두 인간의 내면을 통해서만 인식 가능한 것으로 간주되어 왔다.

가령 과거(the post)는 우리에게 기억(memory) 능력이 없다면 존재할 수 없고, 미래(the future)도 기대(expectation) 능력이 없다면 존재할 수 없다는 식이다. 물론 현재(the present)도 기억과 기대에 물들어 있는 지각(perception) 능력이 없다면 존재할 수 없다고 보았다. 여기서 가장 중요한 것은 인간의 기억 능력이다. 기억이 사라진다면 우리의 기대나 지각도 상당히 달라질 수밖에 없다.[94]

그래서 프랑스의 철학자 베르그송(Henri Bergson, 1859~1941)은 '시간은 곧 기억'이라고 하였다(이는 시간이 인간과 별개로 존재하는 것이 아니라 시간 그 자체는 의식이며 의식의 주체인 인간의 기억이 시간이라는 뜻이다.).

　레비나스에 의하면 시간이란 개념은 주체가 홀로 외롭게 경험하는 사실이 아니라, 타자와의 관계 자체를 뜻한다.[95] 왜냐하면 타자의 철학에서 시간이란, 존재의 고독을 타자와의 만남인 고통을 통해 벗어난 주체가 타자와 관계를 맺는 순간이기 때문이다. 그리고 사랑은 '나'와 '너', '너'와 '나'라는 각각의 개체가 복수의 형태로 하나가 되는(lovers) 시간 속의 사건이다. 결국 사랑이란 그 어느 쪽으로도 소유관계가 발생할 수 없는, 일견 같아 보이지만 서로에게 '타자'일 수밖에 없는 타인 간에 그 '타자성'을 인정하는 관계로서의 사건인 것이다.[96]

2. 정일근 시인의 봄날

|고향 – 소년과 소녀가 사는 곳|

'그리움'은 형용사인 "그립다"와 동사형인 "그리워하다"의 명사형이다. 그리움에 대한 정의는 사전마다 약간씩 다르다. 그러나 대체적으로 그리움이란 '보고 싶어서 만나고자 하는 간절한 마음으로부터 발생하는 감정'이라고 규정할 수 있다. 그러므로 그리움엔 언제나 대상이 있기 마련이며 그 대상에 가까이 가고자 하는 마음, 그 대상과의 만남을 기다리는 마음은 곧 그리움의 속성이 된다. 이러한 그리움은 사랑이라는 감정과 쉽게 연결된다. 왜냐하면 사랑은 그리움을 담고 기다리는 마음이기 때문이다.

눈에 보이지 않는 그리움의 개념은 자주 눈에 보이는 인지적 도구를 통해 발현된다. 가령 그리움을 강물처럼 흘려보내거나, 그리움이 바닷가 파도처럼 한없이 밀려오는 것으로 표현한 경우는 강물과 파도를 인지적 도구로 사용한 경우이다. 또 그리움이라는 감정 개념은 식물인 꽃과 나무 관련 지식으로 구조화할 수 있다. 이때 그리움은 그리워하는 사람의 마음속에서 식물의 씨앗처럼 싹이 나고 움이 트며 꽃으로 피어난다. 심지어 뿌리를 내려 해당 감정의 소유자 마음 깊이 평생 자라나는 나무가 되기도 한다.[97] 뿐만 아니라 그리움은 느닷없이 일어나는 구름 혹은 바람이 되어 산을 넘고 물을 건너 끝없이 내닫기도 한다. 그래서 옛 사람들은 '난향 천리, 인덕 만리, 연정 구만리'(蘭香千里 人德萬里 戀情九萬里)라고 했다. 이처럼 그리움은 무한한 가능성을 지닌 채 여러 가지 모습으로 나타난다.

고향은 제가 나서 자란 곳이거나 제 조상이 오래 누려 살던 곳을 말한다. 고향이라는 추상적 공간은 흔히 그곳에서 유년 시절을 보낸 추억으로 인해 구체적인 장소의 개념으로 변한다. 이때 고향은 우리에게 그리움이라는 감정적 통로를 거쳐 다가선다. 그리고 대개의 경우 그곳에는 세월이 가도 변하지도 않고 늙지도 않는 소년 혹은 소녀가 거주하고 있다. 그 소년 혹은 소녀로 인해 육화(肉化)된 추억은 고향에 대한 그리움을 지속시키는 기제(機制 : mechanism)로 작용한다. 그리움의 상상력이 현실에서 부재(不在)하는 것을 과거 속에서 끄집어내어 현존시키기 때문이다. 또 인간은 자웅 양성의 일체감을 향하는 무의식을 그 본능으로 지니고 있는 탓이기도 하다.

정일근 시인의 시 「봄날은 간다」에서도 군항제가 진행되는 고향인 진해의 벚나무 아래라는 장소성과 그리움의 기제인 소녀가 나온다. 진해의 벚나무는 36만 그루라고 한다. 그 많은 벚나무들의 벚꽃이 분분히 떨어지는 봄날, 꽃 그늘 아래에서 만났던 40년 전의 첫사랑 소녀는 더 이상 이 세상에 없다. 터질 것처럼 뛰는 가슴을 가졌던

시 詩로 보는 계절과 인생론
봄날은 간다 – 역易 철학을 중심으로

열일곱 적 나 또한 없다. 돌아보면 화무십일홍(花無十日紅), 벗꽃이 피었다 지는 봄날은 한바탕 꿈과 같다. 벗꽃은 필 때는 온 세상을 덮을 듯하지만 질 때는 꿈결처럼 속절없다. 지고도 아름다운 꽃은 벗꽃뿐이라지만 짧은 벗꽃만큼 가는 봄날 또한 짧다. 누군가가 말했듯이 우리는 태어나기 전의 심연(深淵)으로부터 와서 죽은 후의 심연으로 가는 중인지도 모른다. 그리고 우리네 삶이란 단지 그 심연과 심연 사이를 잇는 벗꽃 피고 지는 만큼의 짧은 순간일 수도 있다.

| 삶의 의미 |

삶은 이렇듯 짧기에 근원적으로 허무하고 쓸쓸하다. 백세까지 산다고 하지만 전성기는 봄날처럼 짧다. 그러나 봄날처럼 짧은 인생이므로 삶의 순간들은 더욱 아름다울지도 모른다. 삶은 평범한 일상으로 적분(積分)하면 수평으로 흘러가는 강물처럼 여유로운 산문으로 다가오지만, 찰나의 순간으로 미분(微分)하면 수직으로 떨어지는 폭포 같은 긴장감 넘치는 한 편의 시가 될 수 있다. 다시 말해서 적분(積分)한 삶은 부질없는 날들의 수평적 연속이 되지만 미분(微分)한 삶은 빛나는 찰나의 수직적 순간이 될 수 있는 것이다. 그렇기에 매 순간들을 음미하고 '순간의 미학과 예술성'을 추구하는 것은 지극히 멋진 일이다.

또한 삶은 짙은 외로움과 다투는 일이기도 하다. 사람을 만나는 것도 마찬가지다. 사랑에도 생로병사가 있고 상처는 관계의 시작과 함께 받게 된다. 그리하여 모든 만남은 마침내는 상처로 끝날 수도 있다. 그리고 그 상처는 건드리면 다시 아파오고, 들어가면 더욱 깊어지는 지워지지 않는 흔적이 될 수도 있다. 그래서 어떤 이는 사람에게 미치지 말고 대신 일에 미치라 한다. 일에 미치면 남는 것이라도 있지만 사람에게 미쳐봐야 사연밖에 남는 게 없다는 것이 그 이유다. 설사 그의 말대로 그렇다 하더라도 삶과 사랑에서는 결과로 모든 것을 말할 수는 없다.

언젠가 관계가 무너지고 다시 혼자가 될지라도 지난 날 빛나는 순간을 함께 공유했다는 것만으로도 그것이 주는 의미는 충분할 수 있다. 왜냐하면 그 남아있는 사연이 우리의 나머지 삶을 지탱하는 힘이 될 수 있고, 사람들은 태어남을 선택할 수 없듯이 죽음 또한 어쩔 수 없는 타자(他者)이므로, 누릴 수 있는 것은 현재의 삶뿐일 것이기 때문이다. 유혹은 그러한 삶의 한 순간을 아름답게 채색하는 빛이 되기도 한다.[98]

그렇다면 우리가 할 수 있는 일은 더 늦기 전에 다만 저 흐드러진 벚꽃을 가슴에 피우는 일일 것이다. 봄날은 가고 천지간 벚꽃 또한 비바람에 분분히 떨어져 스러져도 가슴 속 추억의 벚꽃은 늘 그 자리에 그 모습 그대로 피어 있을 터이니.

필자는 다음의 시를 구태여 소개하는 것으로 이 단락을 마치고 싶다.

「안쪽」

– 류근

동네 공원에 저마다 고만고만한 아이들 앞세우고 와서
한나절 새우깡이나 비둘기들과 나눠먹다가 어머, 어머, 어머낫!
그새 발목까지 흘러내린 엉덩이 추켜올리며
새우깡 알맹이 부스러지듯 흩어져 집으로 향하는

저 여인들 또한 한때는 누군가의 순정한 눈물이었을 테고
지금껏 지워지지 않는 상처일 테고
세상에 와서 처음 불리어진
첫사랑 주홍빛 이름이었을 테지
어쩌면 그보다 더 살을 에는 무엇이었을 테지

여인들 떠나고 꾸룩 꾸루룩,
평생 소화불량 흉내나 내는

비둘기마저 사라져버린 공원에 긴 졸음처럼 남아서
새우깡 봉지와 나란히 앉아 펄럭이는 내 그림자 곁으로
오후의 일없는 햇살 한 줌 다가와 어깨를 어루만진다

새우깡 빈 봉지의 안쪽 살갗이
저토록 눈부신 은빛이었다는 걸
처음 발견한 내 눈시울 위로 화들짝 꽃잎 하나 떨어진다

※『상처적 체질』(문학과 지성사, 2010)에서 전재함

시 詩로 보는 계절과 인생론
봄날은 간다 – 역易 철학을 중심으로

3. 기형도 시인의 봄날

| 이상(李箱, 1910~1937)과 기형도(奇亨度, 1960~1989) |

▶ 이상과 기형도의 문학사적 의의

시인 이상과 시인 기형도를 나란히 놓고 보면 여러 가지 점에서 비교되어 흥미롭다. 두 사람은 정확하게 50년의 시차를 두고 이 세상을 교차적으로 왔다갔다. 그러나 그들 모두 치열한 자아 각성을 세계 인식의 출발점으로 삼았고 이것을 문학의 소재로 하였다는 점에서 같다. 또한 어릴 적의 지독한 가난과 가족의 죽음 등 개인적 불행으로 형성된 부정적 세계관이 이후의 삶의 과정에서 얼마나 심각한 자아분열현상을 가져올 수 있는지를 보여준다는 점에서도 같다. 이로 인한 피로감 때문인지는 알 수 없지만 둘 다 이십대 후반의 젊은 나이에 요절(夭折)하였다는 점 또한 같다.

두 사람이 남기고 간 문학적 업적도 비교가 된다. 시인 이상의 등장은 당대 문단에 큰 충격을 주었다. 우리 문학은 이상으로 인해, 일본을 거쳐 이식된 근대 문학의 초창기적 한계를 넘어 유럽을 중심으로 한 세계 문학의 주류적 흐름에 동참할 수 있었다. 또한 유럽을 비롯한 세계문단과 어깨를 나란히 하고 모더니즘의 글로벌 지분도

주장할 수 있게 되었다.[99]

　이상 문학세계의 거점은 부정성과 개방성에 있다. 그의 문학세계
는 일단 기존의 습관적 문학 행위와 통상적 범주를 거부하는 것으로
부터 시작된다.[100] 그는 당시의 다양한 서구 문예사조(다다이즘, 초현
실주의 등)를 수용하고 여기에서 비롯되는 창작 기법을 끊임없이 실험
하였다. 그의 시가 난해한 이유는 그가 시와 전혀 관계없는 것으로
여겨지는 과학적 용어와 숫자, 수학적 기호와 도형들을 시어(詩語)로
빈번히 사용했기 때문이다. 그 예로 「이상한 가역반응」이라는 시에
서는 예사롭지 않은 시의 제목답게 전개되는 시어(詩語)들 또한 상식
적이지 않다. 가령 '임의의 반경의 원 / 원내의 일점과 원외의 일점
을 결부한 직선 / 두 종류의 존재의 시간적 영향성 / 직선은 원을 살
해하였는가' 등의 표현이 나온다. 또 「삼차각(三次角) 설계도」라는 제
목 밑에 '선에 관한 각서'를 소제목으로 단 연작시(連作詩)에서는 복잡
한 수식 및 '▽' 혹은 '△' 등의 기하학적 도형과 함께 '뇌수는 부채와
같이 원에까지 전개되었다. 그리고 완전히 회전하였다', '3은 공배
수의 정벌로 향하였다', '고요하게 나를 電子의 陽子로 하라' 등의 과
학용어와 수학용어가 함께 뒤섞여 좀처럼 알기 힘든 내용들이 나온
다.[101] 이외에도 '13인의 아해'가 등장하는 「오감도」(烏瞰圖)의 초현실
적 분위기 같은 것들 또한 그러하다.

그의 시가 이처럼 독특한 이유는 그의 시작(詩作) 활동이 그의 문학 작품 전반에서 공통적으로 드러나는 강한 나르시시즘적 자아의식을 바탕으로 했기 때문이다. 그러나 필자는 그의 시의 독특함은 그가ー 오늘날의 표현으로 하면ー 과학과 문학 그리고 철학이 혼합된 '융합적 사유'를 할 수 있었기 때문에 가능했다고 생각한다. 실제로 이상은 1929년에 경성 고등공업을 졸업한 과학도였으며, 그가 살다간 20세기 초반은 서양에서 실로 엄청난 '과학의 혁명'이 진행되던 시기였다. 상대성 이론과 양자론 등으로 당시의 물리학계는 미증유의 변혁기를 맞이했었다. 시간과 공간에 대한 절대적 개념 위에서 눈에 보이는 그대로가 실상이라는 종전의 뉴턴 역학적 관점은 시간과 공간에 대한 상대적 관점의 토대 위에서 눈에 보이지 않는 영점장(零點場, zero point field)을 설명하고자 하는 양자역학의 등장과 함께 무너져 내렸다. 동시에 과학이 객관적이라는 근거도 같이 허물어졌다. 또한 당시의 수학계는 쿠르트 괴델(Kurt Godel, 1906~1978)이 모든 수학 체계에 모순이 필연적이라는 불완전성 정리를 발표해 그 때까지 견고한 토대에 서 있던 수학적 공리의 확실성에 충격을 주기도 했다. 이러한 과학적 사건들은 당시의 철학적 인식론이나 문예 사조를 비롯한 예술사 전반에 커다란 영향을 끼쳤다. 과학도이자 문학도로서 이상은 이것에 큰 영향을 받았을 것이다.

사정이 이렇다면 이상은ー필자의 생각으로는ー 동아시아 고유인

역(易) 철학의 융합적 사유방식을 문학적으로 구현한 최초의 현대적 지식인일 수도 있다. 왜냐하면 역 철학은 상(象)·수(數)·사(辭)가 유기적으로 일체화된 융합사유의 고전형(古典型)이라고 할 수 있기 때문이다. 역 철학은, 알려진 대로, 이미지를 형상화하는 상(象)과 과학 언어로서의 수(數), 문자적 사유방식인 사(辭)가 화학적 수준에서 결합된 독특한 체재(體裁)를 지닌다.

반면, 기형도는 일상 속에 내재하는 폭압과 공포의 심리구조를 추억의 형식을 빌려 독특하게 표현한다.[102] 죽음에 대한 그의 끝없는 사색은 마침내 새벽 종로 심야극장에서의 돌연한 죽음으로 현실화되었다. 이는 그가 죽음에 이른 의학적 사인인 뇌졸중과는 무관한 인문학적 진실이다. 그리고 그의 시 세계의 비극성은 이로 인해 더욱 고조되었다. 그의 사후 '죽음'은 우리 문단의 거대 담론으로 이어졌다. 죽음은 더 이상 방치하거나 미룰 수 없는 문학 범주의 하나로 새롭게 인식되었고, 결과적으로 우리 문학의 지평을 더욱 넓힐 수 있었다.

그는 살아 있는 동안에는 그리 크게 평가받지 못하였다. 다만 일부 비평가가 그의 내면적이고 우화적인 독특한 죽음의 색채에 주목하였을 뿐이었다. 그러나 그의 사후 첫 시집인 『입 속의 검은 잎』이 출간되자 그에 대한 평가는 폭발적으로 늘어났다. 그의 시 세계는 가난과 죽음으로 불우했던 그의 유년시절을 토대로 하고 빛 고을 광주(光州)로 표상되는 암울하고 어수선했던 1980년대 대학시절의 시대적 상황을 배경으로 하여 많은 시인과 비평가들에 의해 새로운 의미들로 끊임없이 채워졌다. 이에 따라 그의 시들의 미학적 의의는 놀랄 정도로 증폭되었다.

오늘날 그의 시 세계는 한국 시의 새로운 경향이 되었고, 그의 작품들은 우리 문단의 현대적 고전으로 자리 잡았다.[103] 그에 대한 논의는 그의 사후 30여 년에 가까운 세월이 지난 지금도 현재 진행형이다. 그가 남긴 작품들은 지금도 학위를 청구하는 논문의 주요 자료이고 등단을 꿈꾸는 문청(文靑)이라면 반드시 거쳐야 할 필수적 텍스트이다. 그의 공적인 문학 활동이 1985년 1월 동아일보 신춘문예 당선 이후 1989년 3월 사망까지 5년도 채 안 되는 짧은 기간에 그쳤음을 감안할 때 경이적 현상이라고 아니할 수 없다.

▶ 이상과 기형도의 죽음 의식

1) 『주역』으로 보는 죽음론

사람은 태어남을 경험할 수는 있지만 의식할 수는 없다. 반면 죽음은 누구라도 의식할 수는 있지만 그것을 경험한다는 것은 불가능하다. 죽음의 반대말이 태어남이라면 살아감을 뜻하는 삶의 반대말은 죽어감이다. 그러나 생의 유한성에서 볼 때 살아감과 죽어감은 동시에 이루어지는 한 현상이니 이들 두 낱말은 반대되는 말이라기보다는 오히려 같은 말이라고 할 수 있다.

그렇다 하더라도 죽음은 모든 것의 상실로, 두려운 것이다. 하지만 인생이 '태어남'에서 시작하여 '죽음'으로 마무리된다는 것을 생각하면 죽음에 대한 생각을 회피하고는 생(生)에 대한 이해와 인식을 올바로 할 수 없다. 왜냐하면 죽음에 대한 생각조차 거부한다는 것은 결국 죽음을 회피하는 불안과 자기 소외를 나타내어, 유한한 생에 대한 소중함을 놓쳐버리는 결과를 가져오기 때문이다.[104] 그러므로 무(無), 즉 비존재에 대한 사고가 유(有), 즉 존재 사고의 전제인 것처럼 죽음에 대한 생각은 생을 생답게 하는 전제가 된다.

주역은 원래 천지의 본질을 생으로 보고 그 변화를 설명하고 있기 때문에 생의 가치를 숭상하고 죽음에 대한 생각을 금기시하여 왔다. 이처럼 중생기사(重生忌死)하는 주역의 태도는 이 세상을 고해(苦海)로 보고 죽음을 다른 생의 시작으로 생각하는 불교의 윤회(輪迴) 사상이나 죄에 빠진 인간을 구원하기 위해 십자가에 못 박혀 죽은 예수를 믿음으로써 영원한 생을 얻을 수 있다는 기독교의 원죄의식과 다르다. 공자는 64괘의 첫 번째 괘인 건괘(乾卦)와 그 두 번째 괘인 곤괘의 단사(彖辭)에서 건원(乾元)의 덕을 만물의 시초를 여는(萬物資始만물자시) 것으로 '크도다(大哉대재)'하며 찬양하고, 곤원의 덕을 만물을 낳는(萬物資生만물자생) 것으로 '지극하도다(至哉지재)'하고 칭송하였다. 이처럼 주역은 현세적 삶에 대한 긍정과 생명에 대한 존숭(尊崇)을 그 출발점으로 한다. 이러한 주역의 생에 대한 예찬은 그 경문에서 "하늘과 땅의 가장 큰 덕은 생이다(天地之大德曰生천지지대덕왈생 :「계사전 하」 제1장)." 혹은 "끊임없이 생명이 이어지는 것을 역이라 한다(生生之爲易생생지위역 :「계사전 상」 제5장)." 하는 것에서 확인할 수 있다. 『주역』에서는 이처럼 생을 만물의 근원으로 보았다. 혹자는 『주역』의 이 같은 생에 대한 찬양과 죽음에 대한 금기를 후대에 와서 잘못 덧씌워진, 양을 높이고 음을 낮추는 존양억음(尊陽抑陰)의 상하수직적인 체계 때문이라고도 한다. 이로 인해 음인 죽음은 낮추어져 금기시되고 양인 생은 높이며 받들었다는 것이다.

그러나 『주역』의 괘상을 구성하는 온절(－)과 도막절(－－)의 원래 지위는 평등했다. 대대(待對)의 논리로 보는 수평적 사고 체계가 『주역』 사유방식의 원형이었기 때문이다. 온절(－)과 도막절(－－)이 양과 음을 상징하게 된 것은 후대에 와서의 일이다. 그리고 각각에 남성/여성, 생성/소멸, 삶/죽음 등으로 서로 대립하는 개념이 배당되었다.[105]

하지만 음과 양은 본래 대립적 관계가 아니다. 더군다나 이들 간 수직적 관계설정도 낯선 상황이다. 이는 오늘날 음양론에 관한 일반적 통설이 대대성(待對性)과 상보성(相補性)으로 모이는 것만 보아도 알 수 있다. 대대성이란 상대의 존재로 인해 비로소 자기의 존재도 성립하는 관계, 즉 상호 간 대립하면서도 의존하는 관계를 말한다. 반면 상보성이란 동일한 사태를 두 개의 다른 좌표를 통하여 동시에 바라보는 상황이다. 이때 두 개의 좌표계는 서로를 배척하면서도 보완하는 모순적(矛盾的) 관계지만 이들의 동시적인 양립(兩立)이 있고 나서야 비로소 사물과 현상에 대한 온전한 관찰이 가능해진다.

대대성과 상보성이라는 주역의 수평적 사고방식에서 볼 때 삶과 죽음은 각각으로 분리된 대립적·독립적 관계가 아니다. 오히려 삶과 죽음은 각각 독립적으로는 불완전한 상보관계이며, 반드시 서로에게 의지하여야만 비로소 하나로서 완성되는 대대관계이다. 한 마디로 이들은 상호 배타적인 것이 아니라 상호 의존하면서 서로가 서로를 보완하는 관계인 것이다. 그런즉, 우리가 위의 '빗금(/)'을 수평적 사고체계의 동시성을 바탕으로 '대립 아닌 대대적 차원의 생성변화와 상쟁 아닌 상보적 차원의 조화' 의미로 본다면, 결국 『주역』 안에서 남성/여성, 생성/소멸, 삶/죽음 등을 같은 지평에서 동시에 바라볼 수 있을 것이다.[106] 그리고 이때 삶과 죽음은—김훈 소설가와 나희덕 시인이 이미 쓴 바 있는 '삼투(滲透)' 용어를 사용하여 표현한다면– 대립되어 농도가 다른 삼투적(滲透的) 흡수관계가 아니라, 본질은 하나인데 현상이 다를 뿐인 불이적(不二的) 대대(待對) 관계가 된다. 따라서 우리는 인생의 전 과정에서 삶과 죽음이 늘 같은 농도로 동시에 혼재함을 염두에 둘 필요가 있다. 그리고 여기서 '동시에'라는 말은 물리적 시간의 동일점을 지칭하는 것이 아니라 동일한 현상을 두고서도 동시적으로 두 가지 대립되는 진술이 모순되지 않고 적용될 수 있는 상황을 말한다.

이것을 『주역』은 "한 번은 음의 모습으로 나타나고 또 한 번은 양의 모습으로 드러나는 것이 도(一陰一陽之謂道일음일양지위도 : 「계사전상」 제5장)"라고 하거나 "하늘의 도를 세움에는 음과 더불어 양으로써 한다(立天之道曰陰與陽입천지도왈음여양 : 「설괘전」 제2장)."라고 표현한다.

2) 이상과 기형도의 죽음에 대한 사유 차이

죽음은 늙음이나 아픔과 마찬가지로 인간의 육체가 반드시 겪게 되는 한 현상이다. 아니 한 현상이라기보다는, 실존의 범주이다.[107] 또한 죽음은 영원한 부재, 즉 무(無)로의 회귀를 의미하며 생(生)과는 차원이 다른 낯선 영역으로 편입됨을 뜻한다. 그것은 김수영(金洙暎, 1921~1968)의 시 「폭포」의 시어(詩語)를 빌리고 바슐라르(Gaston Bachelard, 1884~1962)의 4원소 시학(詩學) 중 물이 주는 '물질적 이마쥬'를 토대로 표현한다면, '곧은 절벽을 무서운 기색도 없이 고매한 정신처럼 쉴 사이 없이 떨어지던 폭포가 수평으로 될 때 맞이하는 최후'이기도 하다. 왜냐하면 물은 수직일 때 그 흐름이 가장 강렬하고 수평일 때 그 흐름을 멈추기 때문이다. 또 죽음은, 만해 한용운의 불교적 사유로 바라본다면, '바람도 없는 공중에 수직의 파문을 내며 고요히 떨어지는 오동잎이 오간 발자취의 흔적도 없이 사라져버림'과도 같다. 죽음은 이처럼 존재로의 복귀가 불가능한 삶의 영원한 마감이다.

이상과 기형도는 그들의 시에서 그들의 부정적인 세계관만큼이나 도저(到底)한 부정성을 보여주었다. 이는 그들의 죽음에 대한 의식(意識)에서 잘 드러난다. 이상이든 기형도이든 그들의 문학에서 죽음은 커다란 테마였다. 그러나 이에 대하여 이상의 시에서는 기형도 시에서 만큼의 치열성이 보이지 않는다. 그 까닭은 이상이 분열된 자아의 그림자 찾기에 골몰한 나머지 그 원인에 대한 깊이 있는 탐색을 하지 않았기 때문일 수도 있다.[108]

반면 기형도의 경우 삶에 대한 모순과 갈등에서 야기되는 죽음에 대한 의식은 더 이상 어떤 두려움의 원천이 아니다.[109] 기형도의 시가 다른 시인들의 시와 구별되는 것은 그의 시에서는 죽음이 단순한 의식 자체로서 머무는 것이 아니라, 죽음을 자신의 존재 영역으로 온전히 편입했다는 데 있다.[110] 이러한 문학적 비극성을 보여준 시인은 기형도 이전에는 없었다.[111] 대부분의 시인들은 아무리 비극적인 세계관에 함몰되어 있더라도 미래에 대한 낙관적인 기대감을 그들의 시 세계에서 완전히 지우지는 않는다. 생에 대한 본능적 애착 때문이다. 이기적인 인간이 본능적으로 더 나은 삶에 관한 꿈을 포기할 수 없는 것처럼 미학적 양식 중 하나인 시도 희망의 상상력을 온전히 상실할 수는 없는 일이다. 독일의 철학자 블로흐(Ernst Bloch, 1885~1977)의 말처럼 그것은 살고자 하는 인간 삶의 근원적 동력이기 때문이다. 그런데 기형도에 이르면, 그의 시에서는 그런 희망적인 전망이나 그를 위한 시도가 거의 보이지 않게 된다.

시인이 현실의 모든 것에서 좌절할 때, 그의 시적 사유에서 죽음 의식을 갖는 것은 오히려 자연스럽다. 삶이 거짓말처럼 참혹할 때, 때로는 죽음이 삶보다 더 진실할 수도 있을 것이다.[112] 이상의 경우 그것은 결핵이라는 그의 지병과 결부되어 시적 표현을 위한 기호론적 방법론을 터득하는 모티브로 작용하였다. 반면 기형도는 삶의 저편에 존재하는 죽음이라는 범주를 스스로 그의 실존 영역으로 끌어들임으로써 그가 지닌 시 세계의 비극성을 표층(表層)부터 심층(深層)까지 온전히 침윤시켰다.[113]

이상과 기형도는 우리 문학사에서 개인적 불행으로 인한 비극적 세계관을 개성 있는 시로 형상화하여 남긴 대표적 시인들이다. 우리가 그들을 통해 후기 산업사회인 오늘날 신자유주의(Neoliberalism)[*]의 득세로 인한 시대적 불안과 모순을 더욱 진지하게 바라볼 수 있을 때 우리의 시사(詩史)에 그들이 존재하였던 문학적 사건이 더욱 소중한 의미로서 남게 될 것이다.

| 죽음의 타자성 |

서구 형이상학에서 죽음의 의미는 육체적 현실로부터의 해방이라는 기독교적인 관점에서 순화되거나, 삶의 확실성에 근거한 존재론적인 관점에서 파악되어 왔다.[114] 가령, 기독교에서의 죽음은 영혼의 해방이자 천국의 불멸성으로 나아가는 영광스러운 경험이며, 헤겔에게서 죽음은 절대정신의 발현에 불가결한 변증법적 단계이고, 니체에게서 죽음은 허무의 심연을 넘어선 초인 탄생의 계기이며, 하이데거에게서 죽음은 '있음(Dasein)'의 실존적 분석을 위한 토대가 된다.[115]

---

* 신(新)자유주의는 경제 규제를 풀거나 복지지출을 줄이고 노동시장 경직성을 완화하는 등으로 친(親) 시장적이다. 그러므로 신자유주의는 국가의 시장개입에 부정적이며 시장의 자유와 규제완화, 개인의 재산권 등을 중시한다. 국제적으로도 국가 간 자유무역과 시장의 개방을 추구하며 세계화를 지향한다. 결과적으로 노사 간 경제적 균형이 이루어지지 않아 실업과 고용불안의 심화, 선진국과 후진국 간의 빈부 격차 확대 등이 문제되고 있다.

죽음의 종교적 내지 철학적 의미가 무엇이든 간에 그것이 익숙했던 모든 것과의 영원한 이별을 뜻함은 분명하다. 그러므로 죽음은 이별을 원하지 않는 자들에게는 슬픔과 고통을 주며 그것을 맞이하는 당사자에게는 낯선 것에 대한 두려움과 공포를 유발한다. 그럼에도 이러한 죽음에 대한 거부감을 극복하는 것이 종교와 철학 등 형이상적 관점에서 보면 전혀 불가능한 것도 아닌 것처럼 보인다.

레비나스의 타자 철학에 의하면 "존재"와 "무"의 대칭적인 구조에서 죽음이 삶을 무화(無化)시키는 것이라고 생각하는 것은 죽음의 절대적 타자성을 제대로 파악하지 못하는 파괴적인 관점이라고 비판받을 수 있다. 즉, 이러한 관점은 죽음의 절대적 타자성을 인정하기보다는 인간의 자유로운 선택에 의해서 삶을 종결시킬 수도 있다는 인간중심적인 죽음관이라고 할 수 있기 때문이다.[116]

그러나 실제에 있어서는 죽음 앞에서 어떠한 주체도 능동적으로 그 의미를 자기화해 나갈 수 없다. 인간은 다가오는 죽음이라는 경험을 수동적으로 맞이할 수밖에 없기 때문이다. 또한 타자성이란 자아와의 동일성으로 환원될 수 없는 외재적인 무한성을 지니므로, 죽음이야말로 주체가 도저히 파악해 낼 수 없는 절대적 타자로서 미지의 사건이다.[117]

따라서 레비나스에 의하면 '죽는다는 것', 즉 죽음과의 마주침이란 주체의 의식으로 환원될 수 없고, 그저 수동적으로 상처받을 수밖에 없는 트라우마(trauma)이며, 고통이 극대화되는 사건이다. 죽음은 우리가 경험하거나 상상하여 대처할 수 있는 대상이 아니라 불현듯 맞이할 수밖에 없는 가장 낯선 얼굴을 하고 있는, 완벽한 타자이기 때문이다.[118]

레비나스는 자신의 죽음론을 하이데거의 죽음론과 비교해서 설명한다. 하이데거에 있어 죽음은 인간의 가장 극한적인 가능성이자, 나의 죽음일 수밖에 없는 인간 고유의 가능성이다. 현존재의 끝으로서의 죽음은 비관계적이고, 확실하면서도 그 자체로 불확정적이며 현존재의 가장 고유한 가능성이다. 이런 가능성은 능동성과 자유를 가능하게 만든다. 그러나 레비나스에 의하면 죽음에 접근할 수 있는 길은 고통의 경험이다. 고통 속에서 직면하는 죽음은 불가능의 가능성이 아니라 모든 가능성의 불가능성이다.[119]

그러므로 죽음에 맞서는 의지는 '나'의 것이라 할 수 있으나, 죽음 자체는 '나'를 벗어난 것, 본질적으로 '나'의 외부에 위치한 힘을 가리킨다. 레비나스는 "우리가 죽음이 온다는 것을 확실히 인지한다는 사실은, 우리가 과연 죽음이 무엇이고 또 죽음이 무엇을 의미하는지를 모른다는 사실에 비교하면 아무 것도 아니다."라고 지적한다.

죽음은 주체의 불충분한 지배력을 드러내는 차원을 넘어서, 근본적으로 우리가 더 이상 아무 것도 할 수 없다는 것, 즉 주체가 주체로서 자신의 지배를 상실한다는 것을 보여준다. 우리는 죽음을 통하여 '절대적으로 다른 것'과의 관계에 놓이게 되는데, 이 '절대적으로 다른 것'이 지니고 있는 '타자성(alterity)'은 주체가 자기 자신으로 동화시킬 수 있는 잠정적 규정으로서의 타자성이 아니라 그것의 존재 자체가 곧 타자성인, 그런 의미의 타자성이다. 즉, 레비나스는 타자성을 공감이나 연민을 통해 교감하거나 이해할 성질의 것이 아닌 '절대 외재성'으로 규정한다.[120]

레비나스의 철학적 구조에서 죽음에 대한 주체의 불안은 이기적으로 생각할 때 일어난다. 그리고 그 불안은 타자를 환대할 때 사라진다. 타자는 주체의 자유에 위협을 가하기도 하지만, 그의 무력함 때문에 주체에게 죽임을 당할 수도 있다. 따라서 타자는 주체의 관심과 보살핌이 필요한 존재이다. 이때 주체는 자신의 죽음의 한계를 넘어서서 타자를 섬겨야 하는 요청을 받게 된다. 그리하여 죽음을 향한 주체의 존재는 타자를 위한 존재로 바뀌게 되며, 이것을 통해 주체가 갖는 죽음의 무의미성과 비극성은 없어진다. 말하자면 주체 자신의 죽음에 대한 불안은 타자를 환대하고 받아들이는 선행을 통해 사라진다는 것이다.[121]

요약하자면, 하이데거에게 있어 죽음은 자유의 사건이지만, 레비나스에게는 고통 속의 주체가 가능한 한 한계에 도달하는 사건이다. 죽음을 개인 고유의 것으로 보는 하이데거와 달리, 레비나스에게 있어 죽음은 타자와의 관계성을 인식하는 서사적(敍事的) 사건이다.[122]

| 죽음에 대한 그리움 |

기형도는 1989년 3월에 그의 생을 마감할 때까지 97편의 시와 8편의 단편소설, 기타 산문 등을 남겼다. 기형도에 대한 문학적 평가는 그의 죽음 직후인 1989년 5월에 발간된 유고 시집 『입 속의 검은 잎』에서 시작된다. 이 책의 해설을 쓴 평론가 김현(金炫, 1942~1990)의 글이 기형도 문학 비평의 출발점이다. 기형도의 작품 전반을 관통하는 진한 죽음의 색채는 그의 요절이라는 문학적 사건과 맞물려 독특한 죽음의 아우라(aura : 예술작품에서 남이 쉽게 흉내 낼 수 없는 고고한 분위기)를 형성하였다. 김현은 그의 해설에서 기형도의 시 세계에 흐르는 죽음의 미학적 의미와 가치를 적극적으로 알렸다. 그런데 공교롭게도 김현 역시 그 해설을 쓰고 난 후 1년도 채 되지 않아 유명을 달리하였다. 기형도는 1985년 1월 동아일보 신춘문예에 시 「안개」가 당선되어 화려하게 등단하였다. 그러나 이후 존재감이 별로 없던 그의 돌연한 죽음과 그의 유고 시집에 해설을 붙인 명망 있는 평론가 김

현의 연이은 죽음은, 이후 '기형도 신드롬'을 불러일으키고 그 현상을 지속시키는 중요 기제(機制)가 된다.

기형도의 시 세계는 여러 각도에서 논의되고 있지만, 핵심적 요소가 '비극성'이라는 점에 대해서는 많은 논자들이 동의한다. 일반적으로 비극적 세계 인식이란 현재의 상황에서 뚜렷한 한계를 가지고 있음에도 불구하고 그 한계를 넘어서려는 의지를 영원히 버리지 못하는 것을 말한다. 사람은 정서적으로 닿을 수 없는 곳인지 알면서도 지금의 한계상황을 벗어나 새로운 그 어떤 곳을 바라보고 그리워한다. 여기서 낭만적 아이러니 *가 발생하게 되는데, 비극적 세계 인식은 이렇듯 낭만적 아이러니와도 연관된다고 할 수 있다.[123]

김현은 그의 해설에서 기형도의 시에 드리워진 짙은 죽음의 그림자에 대한 근원으로서 기형도가 유년과 소년 시절 내내 겪은 지독한 가난과 가족의 죽음, 청년시절의 못다 이룬 사랑을 들었다. 또한 그는 기형도의 시를 '그로테스크 리얼리즘'이라고 규정하였다. 이는 타

---

* 낭만적 아이러니는 독일 낭만주의 철학에서 활발히 논의된 개념이다. 이는 현실과 이상, 유한과 무한, 자연과 감성 등 이원론적 대립의식에서 발생한다. 문화적 속물주의에 대한 예술적 반항으로서 일어난 낭만적 아이러니는 대립적인 존재를 지양해서 고차원적인 종합을 추구한다.[124]

인과의 소통이 단절된 기형도의 도저한 부정적 세계관을 말한다.[125]

또 다른 저명한 평론가 정효구에 의하면 기형도의 시에는 오직 죽음만이 살아 있다. 그의 시 세계에서 줄곧 활발하게 움직이며 살아 있음을 증거하는 것들은 놀랍게도 살아 있는 생명이 아니라 꺼져가는 죽음들이다.[126] 기형도는 인간들의 세상만을 죽음의 이미지로 파악한 것이 아니다. 그는 인간들이 함께 살아가는 자연과 그 인간들이 살아가는 데 사용되는 물건들 까지도 죽음의 이미지로 읽어 낸다. 그리하여 죽어있는 물적 존재를 다시금 더 철저한 어둠으로 채색하여 완벽한 죽음의 공간으로 몰아넣는다. 이를 통해 기형도는 생명의 확산이나 목숨의 연장을 꿈꾸는 것이 아니라, 생명의 축소나 단절을 향한다. 따라서 기형도의 작품 속에는 죽어있는 자연 혹은 죽어있는 물적 존재들이 가득하게 들어찬다. 기형도는 마치 인간이 가지고 있는 '죽음 사랑하기'의 본능에 압도당한 사람들처럼 인간과 함께 살아가는 일체, 혹은 인간이 사용하는 것 일체를 죽음의 세계로 파악하고 있는 것이다. 이는 세상의 모든 죽어있는 존재들에게도 생명력을 부여하여 그가 살고 있는 생명의 공간을 더욱 확장시키고자 하는 것이 인간적 본능임에 비추어 볼 때, 지극히 예외적인 양상이다.[127]

필자는 기형도의 이러한 문학적 행태(行態)에 대하여 '죽음에 대한 그리움'이라고 이름 붙이고 싶다. 프로이드(S. Freud, 1856~1939)에 의하면 죽음도 욕망이다. 그는 생명이 무기적 존재에서 왔으므로 다시 무기물(즉 죽음)로 돌아가 안정된 상태를 유지하고자 하는 욕구를 생래적 본능으로 간주하고 죽음 본능*이라는 개념을 창출하였다.[128] 그렇다면 인간은 죽음을 본능적으로 그리워할 수도 있을 것이다. 게다가 아래의 사실과 견해들을 염두에 둔다면 더욱 그렇다.

1) 죽음은 미래의 필연적 사실이다. 그러나 우리는 살아있는 한 이를 경험할 수 없다. 만약 죽음을 경험한다면 그 때 우리는 이미 살아있지 않게 된다. 인간이 경험으로써 인식된 것을 의미화하고 그를 통해 세계에 대한 주도권을 확보할 수 있다면, 인간이 직접 경험할 수 없는 죽음은 인간에게 절대적인 타자이다. 인식할 수도, 경험할 수도 없는 죽음은 인간에 의하여 어떤 방식으로도 이해되거나 설명될 수 없으며 다만 언젠가는 닥쳐온다는 그 필연성으로 인해 수동적으로 인정될 수밖에 없다.

---

* 죽음 본능 : 프로이드는 인간의 본능을 크게 두 가지로 구분하였다. 하나는 자기보존 본능과 성적 본능(Libido)을 합한 '삶의 본능'(Eros)이고, 다른 하나는 원초적 상태인 무기물로 회귀하려는 '죽음의 본능'(Thanatos)이다. 프로이드는 인간은 미래에 자기 자신이 없어진다는 사실을 받아들이기 어려우며, 삶에 대한 욕망과 죽음에 대한 불안을 동시에 경험한다고 하였다. 죽음의 본능은 파괴적 본능으로서 삶의 본능과 같이 눈에 띄게 작용하지 않아 알려진 것이 적지만 그 기능은 분명하다고 그는 말한다. 모든 생명체는 죽음을 향하여 있고 인간은 그의 무의식에 죽음에 대한 욕망을 가지고 있다는 것이다.[129]

그러므로 죽음에 대한 수많은 상징어들이 있지만, 그것들은 죽음이라는 실체의 주변을 맴도는 공허한 수사들일 뿐이다. 죽음의 이러한 타자성은 인간에게 있어 오랜 두려움이 되어 왔으나, 다른 한편으로 그만큼 매혹적일 수도 있어 인간의 그에 대한 욕망을 충동하기도 하였다.[130] 그래서 스위스의 심리학자 겸 정신 의학자인 융(Carl Gustav Jung, 1875~1961)은 인간의 죽음에 대한 욕망은 자기실현에 대한 욕구라고도 하였다.[131]

2) 덴마크의 키에르케고르는 헤겔식 관념적 체계보다는 구체적 상황 속에 놓여있는 인간의 실존성에 대해 깊이 천착하였다.

키에르케고르의 인간에 대한 실존적 이해는 '죽음'을 삶 속에서 일어나는 핵심적 사건으로 받아들이는 데서부터 출발한다. 그에 의하면 죽음은 삶을 통해서 그 모습을 드러내며, 반대로 삶은 죽음을 통해서 규정된다. 따라서 삶과 죽음은 서로 분리될 수 없는 관계이다. 여기서 죽음은 인간이라면 누구나 겪는 보편적 경험으로서의 죽음이 아니라, 구체적으로 존재하는 실존적 인간의 개별적 죽음이다.

키에르케고르는 그의 저서 『죽음에 이르는 병』에서 죽음을 육체적으로 생명이 끊어지는 생물학적 죽음보다는 정신적 죽음, 즉 기독교적 관점에서 바라보는 영혼의 죽음으로 이해한다. 그리고 절망이야

말로 이러한 죽음에 이르게 하는 병이라고 한다. 그런데 그는 절망을 자기와의 관계(실존적 모습)가 불균형 속에서 나타나는 자기 소외현상으로 규정한다.

다시 말하면 인간의 정신은 스스로 자기 자신을 선택하고 결단하는 능력으로, 이것이 자신이라고 불리는 인간의 모습이다. 그러나 개별자로서의 인간이 이러한 정신으로서 존재하기를 포기할 때 절망은 우리를 엄습하고, 우리는 자기 스스로를 떠나고 포기하게 된다는 것이다. 그리하여 절망이란 인간이 자신의 모습을 갖지 않는 상태로, 자신을 창조한 힘, 즉 신으로부터 멀어져서, 영원함을 외면하는 정신적 질병인 것이다.

그러나 절망 자체는 인간에게 생물학적 죽음을 주지는 않는다. 그래서 더욱 더 절망은 죽음과 같은 것이 된다. 왜냐하면 절망은 우리를 모든 것의 종말과 파괴라는 의미로서의 죽음으로 나아가지도 않은 채로, 또한 '죽음이라는 최후의 희망'까지도 포기할 수밖에 없게 하는 완전한 단절 상태이기 때문이다. 이는 죽음이 유일한 희망이 될 수밖에 없는 고통스런 상황에서, 이 희망마저도 포기해야 하는 절망이야말로 육체적 죽음보다 더욱 지독한 영혼의 죽음으로 향한 자기소외임을 의미한다.

더욱이 이러한 절망의 죽음은 끊임없이 삶의 현재 속으로 파고 들어와 끝없이 반복된다. 이러한 의미에서 절망이라는 병은 계속 되는 죽음의 지속이며, 그래서 죽음보다 더욱 치명적인 죽음의 병 이다. [132)

기형도 시 속의 인물들은 모두가 도시의 삶에서 소외되어 절망하 는 사람들이다. 눈 오는 겨울 밤, 갈 곳 없이 헤매는 사내(「백야」) 와 도시에 머물다 상처받고 고향으로 돌아가는 사내(「조치원」), 도 시적 일상에서 습관처럼 '꽂혀 사는 그'(「오후 4시의 희망」), 슬픔을 위로받지 못하고 울고 있는 '그'(「기억할 만한 지나침」) 등등, 도시 에서 절망하고 소외된 군상들이 다채롭게 등장한다. [133) 그리하여 평 론가 정효구는 기형도 시 세계의 주조(主調)를 '외로움과 소외된 자 의 외톨이 의식'으로 읽어내고 있다. 정효구는 "그는 자신이 혼자라 는 사실, 지독히 외로운 공간에 놓여 있다는 사실을 끊임없이 그의 작품으로 드러내고 있다."고 하며 "기형도의 작품은 바로 그가 가진 외로움의 힘에 의하여 만들어진 것이라고 볼 수도 있을 것"이라고 결론짓고 있다. [134)

기형도의 소외된 의식 속에 있는 봄은 작고 여린 씨앗이 따뜻한 햇 빛을 받아 자신의 생명성을 돋우어 꽃을 피우는 그런 봄이 아니다. 오히려 그의 봄은 상실과 망각의 계절이다. 겨울의 새벽안개 속으로

'푸른 빛'을 찾아 녹아들어간 그가 경험하게 되는 봄[135]은 그의 중학 시절 '이파리 하나 피우지 못한'(「나리 나리 개나리」) 바로 손위인 순도 누이를 '소리 없이 꺾어가'(「나리 나리 개나리」)는 잔인한 계절 인 것이다. 그리하여 그에게서 봄은 '두드릴 곳 하나 없는 거리' 그리 고 '살아있지 않은 것은 묻지 않는'(「나리 나리 개나리」) 상실과 망 각의 시간이 되었다.

이러한 그의 소외 의식은 햇빛-서울집 툇마루-엉망으로 취한 군 인-누이-소읍-봄날로 이어지는 시 「봄날은 간다」에서도 불 수 있다.

햇빛은 분가루처럼 흩날리고

    (중략)

아무 때나 손을 흔드는

미루나무 얇은 그늘 속을 첨벙이며

2時着 시외버스도 떠난 지 오래인데

아까부터 서울집 툇마루에 앉은 여자

외상값처럼 밀려드는 대낮

    (중략)

빈 들판에 꽂혀 있는 저 희미한 연기들은

어느 쓸쓸한 풀잎의 자손들일까

밤마다 숱한 나무 젓가락들은 두 쪽으로 갈라지고

사내들은 화투패마냥 모여들어 또 그렇게

어디론가 뿔뿔이 흩어져 간다

  (중략)

하룻밤 새 없어져 버린 풀꽃들

  (중략)

흐린 알전구 아래 엉망으로 취한 군인은

몇 해 전 누이 얼굴을 알아보지 못하고, 여자는

자신의 생을 계산하지 못한다

  (중략)

습관적으로 주르르 눈물을 흘릴 뿐

끌어안은 무릎 사이에서

추억은 내용물 없이 떠오르고

소읍(小邑)은 무서우리만치 고요하다. 누구일까

  (중략)

봄날이 가면 그 뿐

  (중략)

몇 개의 언덕을 넘어야 저 흙먼지들은

굳은 땅속으로 하나둘 섞여드는지

필자가 20대 초반 때 병(兵)으로서 군복무를 한 소읍(小邑) 연무에
도 술집들이 몇 들어선 작은 거리가 있었다. 겨울이면 빈 들판을 건

너 온 차가운 바람이 외상 술값 독촉처럼 아무 때나 그 거리로 밀려들곤 하였다. 군인들은 외출을 나오면 화투패마냥 그곳에 모여들었다가 나무젓가락 갈라지듯 또 그렇게 어디론가 뿔뿔이 흩어졌다.

'서울집'이라는 옥호(屋號)도 있었던 듯하다. 미루나무 얕은 그늘 속을 첨벙이며 2時着 시외버스를 타고 온 여자들이 거기에 있었다. 몇 개의 언덕을 넘어 여기저기서 모여든 쓸쓸한 풀잎들이었다. 누이 얼굴 여자도 있었다.

햇빛이 분가루처럼 흩날리던 거리도, 그 거리 한 쪽에 희미한 연기처럼 꽂혀 있던 서울집도, 풀꽃처럼 앉아 습관적으로 빈 술잔을 채워주던 누이 얼굴 여자도, 필자의 방황하던 봄날과 함께 속절없이 가 버렸다. 다만 술을 마시면 엉망으로 취하기 일쑤인 술버릇은 그때나 지금이나 여전하다. 하여 살아 온 자신의 생을 제대로 계산도 할 수 없는 지금, 끌어안은 무릎 사이로 그 때의 추억들이 참으로 내용물 없이 떠오른다. 봄날은 오는 것이 아니라 가는 것이다. 그리고 봄날이 가면 모두 그뿐인 것이다.

기형도는 삶의 급작스러운 중단이라는 여백 있는 죽음으로 오히려 그의 '죽음의 시학(詩學)'의 완성자가 되었다. 삶의 급작스러운 중단이 시 세계의 상징적 완결일 수도 있다는 생각은 대단히 낭만적이

고 매력적이기까지 하다.[136] 이는 고대 그리스 철학자 엠페도클레스
(Empedocles, B.C.493~433)가 스스로 에트나(Atna) 산의 화구(火口)에 몸
을 던져 그의 우주 철학(즉, 사랑(愛)과 미움(憎)의 상보성(相補性) 원리인 4
원소설)을 완성하였다는 신화를 떠올리게 한다. 기형도 또한 돌연한
서사적(敍事的) 사건인 죽음과 함께 그의 시적 텍스트를 완성함으로
써 우리 문단의 신화적 존재가 될 수 있었다고 생각되기에 하는 말
이다.

필자는 그의 다른 시, 타는 그리움을 담은 「꽃」을 아래에 소개하는
것으로 그에 대한 언설(言說)을 그치고자 한다.

「꽃」

내
靈魂이 타 오르는 날이면
가슴 앓는 그대 庭園에서
그대의
온 밤 내 뜨겁게 토해내는 피가 되어
꽃으로 설 것이다.

그대라면
내 허리를 잘리어도 좋으리.

짙은 입김으로
그대 가슴을 깁고

바람 부는 곳으로 머리를 두면
선 채로 잠이 들어도 좋을 것이다.

봄이 겨울을 거쳐 오듯이 겨울은 봄을 거쳐 지나간다. 이는 여름과 가을, 가을과 겨울의 경우에도 마찬가지다. 이처럼 자연의 사계절은 다른 길로 제각기 오는 것이 아니라 처음이 끝이 되고 끝이 처음이 되는 한 길로 온다. 이러한 순환적인 한 길 속에서는 끝 계절과 처음 계절은 영원히 존재하지 않게 된다.[137)]

과거 · 현재 · 미래는 시간의 존재 양상을 직선적 흐름으로 이해할 때의 단선적 구분이다. 그러나 인간에게 보다 절실한 시간의 존재 양상은 봄 · 여름 · 가을 · 겨울로 구분되는 순환적 흐름이다. 왜냐하면 순환적 흐름으로 구분되는 시간의 존재 양상은 인간의 생명적 흐름과 그 맥을 같이 하기 때문이다.[138)]

어떤 작가는 빛나는 순간이 잠시 머물다 가는 봄을 황순원의 「소나기」처럼 짧은 단편소설에 비유하였다. 또 가을은 바람에 흩날리는 도레미파 음조가 악보로 적힌 가슴 시린 시라고 하였다. 그에 의하면 겨울은 『삼국지』류(類)의 대하소설, 여름은 차라리 괴테(Goethe, 1749~1832)의 『파우스트』 같은 희곡으로 은유된다. 그러나 필자는 여름과 가을, 겨울의 계절적 특성을 '산'과 '씨앗, 꽃, 열매', 추사의 '세한도' 등 세 가지 구체적 물상(物象)을 통해 표현해 보고자 한다.

모든 존재는 그 존재 지평으로서 시간구조와 함께 공간구조를 가지고 있다. 전통적 물리학에서 시간과 공간, 물질은 각각 분리되어 독립된 존재로서의 위상을 지닌 것으로 파악되었다. 이에 의하면 공간은 존재의 근거 토대이고 시간은 존재의 변화 토대이다. 그런데 우리 인간은 물질인 몸으로서의 공간적 존재임과 동시에 의식의 흐름을 인식하는 자아로서의 시간적 존재라는 두 가지 양상을 함께 지닌다. 그런즉 의식의 주체인 인간은 인식대상인 세계를 공간과 시간을 틀로 하여 파악할 수밖에 없다. 그리하여 필자는 「산」에서는 수직적 높이와 수평적 넓이로 인한 '공간적 존재감'을, 「씨앗과 꽃, 그리고 열매」에서는 삶과 죽음의 변화 과정으로서의 '시간적 흐름'을, 또 '세한도'에서는 차가운 겨울이 던져주는 이미지인 '겨울나기'에서 비롯되는 '공간과 시간의 정지미학'을 주제로 하여 여름과 가을, 겨울이 주는 계절적 의미를 탐색해 보고자 한다. 우리의 예술사에서 백설희의 노래 「봄날은 간다」가 봄의 수사적 상징어로 기능(機能)하고 있듯이 추사의 '세한도' 역시 겨울의 상징적 수사인 '겨울나기'의 표상으로서 손색이 없다.

1.

산山
– 공간적 멈춤

| 산의 정황 |

여름은 극성한 양 가운데서 음이 생하는 계절이다. 반면 가을은 여름에 생한 음이 더욱 자라나고, 여름 중 극성했던 양은 물러가는 계절이다. 이를 나타내는 구체적 물상(物像)이 필자의 견해로는 '가을 날 비에 젖고 있는 산'의 모습이다. 왜냐하면 지구에 존재하는 삼라만상 중에서 수평과 수직의 공간적인 특성을 가장 잘 나타내는 것은 '산'(山)이고 비(雨)의 본체인 '수'(水)는 여름에서 가을로 넘어가는 계절의 변화를 촉진시키는 촉매 역할을 하기 때문이다.

이형기 시인의 시 「산」은 이러한 정황을 잘 보여준다. 산에 비가 내린다. 산은 비에 젖고 비는 산의 품에 안긴다.[139] 비에 젖은 산은 뿌연 시야 속에서 완만한 곡선의 윤곽만을 드러낸다. 이형기 시인의 시에서 볼 수 있는 불교적 달관의 허정(虛靜)한 세계가 시인 특유의 투명한 언어 속에서 맑게 빛난다. 삶과 인생을 긍정하고 자연섭리에

순응하는 수용의 미학이 펼쳐지고 있는 것이다.[140) 이하는 그 전문
이다.

「산 山」

— 이형기

산은 조용히 비에 젖고 있다.
밑도 끝도 없이 내리는 가을비
가을비 속에 鎭坐한 무게를
그 누구도 가늠하지 못한다.
표정은 뿌연 시야에 가리우고
다만 윤곽만을 드러낸 산
천년 또는 그 이상의 세월이
오후 한때 가을비에 젖는다.
이 심연 같은 적막에 싸여
조는 둥 마는 둥
아마도 반쯤 눈을 감고
放心無限 비에 젖는 산
그 옛날의 격노의 기억은 간데없다.

깎아지른 절벽도 앙상한 바위도
오직 한 가닥
완만한 曲線에 눌려버린 채
어쩌면 눈물어린 눈으로 보듯
가을비 속에 어룽진 윤곽
아아, 그러나 지울 수 없다.

| 산의 오행성과 괘상 |

산의 구성성분 중 가장 중요한 것은 흙이다. 흙은 木(목) · 火(화) · 土(토) · 金(금) · 水(수)의 오행(五行)에서 土로 표상된다.

그런데 土는 양기(陽氣)인 木 · 火와 음기(陰氣)인 金 · 水의 기운을 모두 포함한다. 음(陰)과 양(陽)은 기본적으로 서로 반대 개념으로 이해할 수 있는데, 그 중간에 있는 土는 양과 음의 부딪침을 방지하고 이들 간 균형을 이루게 하는 대단히 중요한 역할을 담당한다.

한편으로 오행의 구성 원리는 오행 중 유일한 생명체인 木을 중심으로 이루어진다. 그러므로 土는 기본적으로 木이 생장하기에 좋은 환경을 가져야 한다. 즉, 土는 적당한 거름(木)과 온기(火) 및 습기(水), 그리고 배수 작용을 돕는 약간의 모래(金)를 포함하고 있어야 木이 자라는 흙의 역할을 다 할 수 있다. 土는 초목이 불에 타서 재가 되어 만들어진 것(火生土화생토)으로, 아래로 흐르는 물(水)을 차단해서(土剋水토극수) 적당한 습기를 포함하고 있어야 초목이 생장할 수 있다. 나아가 금석(金)의 생성에도 도움(土生金토생금)을 주어야 한다. 이렇듯 土는 생명체인 木이 왕성하게 생장하여 木의 의무와 역할을 다할 수 있도록 희생하는 오행이다.

산은 팔괘에서는 간(☶)의 괘상(艮爲山간위산)으로 나타난다. 간의 괘상은 동적 성질을 지닌 양이 고요하고 수축하려는 성질을 지닌 두 음 위에 있으니, 아래에 있는 두 음의 작용으로 양의 동적 성질이 진정되고 평정해진 속성을 띤다. 즉, 산은 지구 내부에서 만들어진 양(陽)의 기운인 뜨거운 지열(地熱)이 밖으로 분출되다가 수축하는 음의 기운인 중력 때문에 그쳐서 형성된 것이다. 이 때문에 산은 무한정 높아질 수는 없는 한계를 지닌다. 지구에서 가장 높은 에베레스트 산의 높이(8,848m)에도 이런 한계가 반영되어 있다. 만약 음의 성질인 중력이 없다면 산이 어디까지 올라갈 수 있을 것인가? 지구보다 중력이 약한 화성에는 에베레스트 산보다 2.5배 높은 올림푸스 산이 있다고 한다.[141] 그러므로 중력은 산의 높이를 지구의 본성에 맞게 조절하였다. 즉 지구 상의 산이 인간이 쉽사리 범접할 수 없는, 그러나 마침내는 다다를 수 있는 수발(秀拔)한 높이로 제 모습을 갖출 수 있었던 까닭은 음의 성분인 중력이 있기 때문이다. 간괘는 이를 반영한 것이다.

| 공간과 시간, 기호 |

▶ 공간과 시간

누군가 우주는 상호작용하는 것들의 총체라 했다. 총체로서의 우주 중 본원적인 것은 무엇이겠는가? 아마도 그것은 공간과 시간, 그리고 인간의 존재일 것이다. 그런데 인간의 존재방식은 '생각함'으로 규정된다. 그렇다면 우리 인간은 공간과 시간에 대하여 어떻게 생각하는가?

우리의 존재영역인 공간은 어제나 오늘이나 그대로인 듯하다. 그 속에서 우리는 다만 낮과 밤의 교체와 계절의 변화로 시간의 흐름만 느끼는 듯싶다. 공간과 시간은 자연의 실재적 현상으로서 분리될 수 있는 것인가? 바꿔 말하면 공간과 시간은 구체적 소여(所與)인가 아니면 우주를 구성하는 삼라만상 간의 관계 내지 질서로서 인간이 가지는 추상적 관념인가? 철학의 큰 줄기는 이에 관한 끊임없는 성찰과 반성의 과정이 된다. 왜냐하면 이에 대한 이해가 정교해질수록 우주에 대한 이해가 더욱 명료해지기 때문이다.

인간이 직관으로 파악하는 공간은 등질성(等質性 : 성질이 어느 곳에서나 같음)과 등방성(等方性 : 성질이 모든 방향에서 같음)을 지녔으며 연속적이고 무한하다. 또한 인간이 시간을 실재의 자연현상으로 느낀다면 이는 우리가 규표(圭表 : 해 그림자를 재는 막대기 등)나 시계를 사용해 시간을 마치 하나의 사물처럼 포착할 수 있기 때문일 것이다. 뉴턴에 의하면 자연의 온갖 변화와 모든 물체의 운동은 이러한 공간을 바탕으로 일어나는 시간적 현상이 된다.

그렇다고 공간과 시간이 뉴턴 물리학에서처럼 실재성을 지녔다고 말할 수는 없다. 오히려 공간과 시간은 대상이나 사건들의 관계이며 인간의 인식구조나 역사에 따르는 상대적인 것일 수 있다. 이런 관점에서 공간과 시간을 사물의 객관적 성질로 보지 않고 인간 내부의 주관적 인식조건으로 파악한 칸트의 생각은 획기적이다. 그는 공간과 시간을 감성의 아프리오리한 형식, 즉 주체가 세계와 관계를 맺는 선험적 매개구조라고 하였다(칸트 철학에서 감성이란 대상들이 경험을 통해 우리에게 주어지도록 하는 기능을 말한다.). 칸트 이전에는 대부분의 사람들이 뉴턴 물리학의 영향 하에 공간과 시간은 분리된 독자물(獨自物)이며 인간의 지각 밖에서 존재하는 절대물(絶對物)이라고 믿었다. 이는 당시에 상식으로 통했지만 칸트는 이를 받아들이기 거부하였다. 그는 공간과 시간은 경험을 가능하게 하지만 경험 이전에 이미 인간 내부에 존재하는 선험적 형식이라고 함으로써 인간의 세계 인식에서 코페르니쿠스적 전환을 이룬다. 이는 인간의 외부에 있는 어떤 대상 자체가 우리의 인식을 결정한다는 종전의 견해를 벗어나 오히려 인간의 인식능력과 인식기능이 인식대상을 새로이 창조하거나 구성한다는 것을 의미한다.

현대 물리학에서 공간과 시간은 아인슈타인의 상대성 이론에 터잡아 가로, 세로, 높이의 3차원적 공간 요소에 1차원적인 시간 요소를 더한 4차원의 시공적인 개념으로 파악된다. 이는 어떤 현상의 시공간적 위상을 통합적으로 서술하기 위해서는 네 개의 변수가 필요하다는 것을 의미한다. 그러나 인간이 경험적 지각작용으로 파악하는 공간은 아인슈타인의 4차원적 공간도 아니고 직관으로 인식하는 등질성과 등방성을 지니는 무한의 공간도 아니다. 생리적 한계를 지닌 인간이 현실에서 경험하는 공간은 상하의 수직성과 전후좌우의 평면성으로 구분되고, 동서남북과 중앙의 방위적 요소로 분화되는 다질적(多質的)이고 다의적(多意的)이며 불연속적인 곳이다.

▶ 기호

기호학은 세계를 하나의 거대한 텍스트(Text)로 볼 때 이에 존재하는 모든 것을 상징적인 기호체계로서 나타낼 수 있다는 가설로 성립

된다.[*] 그리하여 세계는 경외하거나 찬탄해야 할 대상이 아닌, 통일된 방식으로 적극적으로 분석하고 해석해야 하는 텍스트로 전환되는 것이다. 이러한 관점에서 공간 기호학은 텍스트로서의 우주가 갖는 공간적 구조 및 특성을 객관적이고 논리적인 기호론적 방법으로 파악하고자 한다. 이때 수평과 수직, 상하, 전후좌우 등은 중요한 공간 기호단위가 된다.

| 산의 존재방식 |

인간이 공간 속에서 존재하듯이, 산 또한 공간 속에서 존재한다. 그러나 인간의 존재방식과 산의 존재방식은 대조적이다. 인간은 지상을 터전으로 하는 삶의 방식으로 인해 수평적 공간에 속하는 존재이다. 반면 산은 지상에 뿌리를 두고 있으면서도 그 높이에 의해 수직적 공간에 속하는 존재이다. 그래서 산은 세속의 지상적 의미와

---

* 기호에는 도상(圖像), 지표(indice), 신호, 상징 등으로 자연적인 것(예 : 연기와 불)도 있고 인위적인 것(빨간 색 신호등 : 멈춤)도 있지만, 언어는 기호의 가장 핵심적인 부분이 된다. 왜냐하면 언어는 인간의 사고에 모양을 갖추게 함으로써 궁극적으로 인간의 존재 양식을 결정해 주기 때문이다. 20세기 초에 철학자들은 언어를—종전처럼 세계를 기술하기 위해서가 아니라— 하나의 기호로서 바라보고 언어 그 자체에 대하여 생각하기 시작하였다. 이는 인간이 그의 생각 방식에서 전환점을 이루는 매우 중요한 사건이 된다.

탈속의 천상적 의미를 동시에 지니는 양의성(兩義性)을 가진다.[142]

　공간은 방위와 넓이의 함수이다. 방위는 질(質)이고 넓이는 양(量)이다. 이들의 곱셈으로 공간은 종전의 중성적인 성질에서 벗어나 인간과 사물을 위한 구체적 존재의 장(場)으로서의 실존성을 지니게 된다.[143] 인간과 산은 이러한 공간을 향해 스스로를 방사(放射)한다. 이는 각자가 공간의 중심적 초점으로서 자신의 주체적 존재감을 확보하기 위한 것이다. 그런데 이때 공간을 구성하는 수직과 수평의 원리는 공간에 의미를 부여하기 위한 중요한 기호로 작용한다.[144]

　수직과 수평을 축으로 하는 공간 체계에서 수직 방향은 수직성이 대칭축으로 작용함으로써 수평면을 한정(限定)하게 된다. 이러한 수직성은 수평성과 달리 고정된 불변의 것이다. 왜냐하면 상(上)과 하(下)의 수직성은 인간의 의지와 관계없이 중력 원리에 의한 객관성을 지니기 때문이다. 독일의 현상학자 볼르노(O. F. Bollnow, 1903~1991)는 인간의 현존재의 공간성을 분석하고 그 중요성을 주장한다. 그는 "전·후, 좌·우는 고정된 불변의 것이 아니다. 인간이 방향을 바꾸면 금방 그 위치가 달라진다. 그러나 상(上)과 하(下)의 수직성은 고정된 불변의 위치다. 인간이 아무리 방향을 바꾸어도 여전히 상은 상이고, 하는 하의 방향을 고수한다."고 하였다.

시 詩로 보는 계절과 인생론
봄날은 간다 – 역易 철학을 중심으로

전후좌우로 이어지는 수평면은 사람이 오르내리는 이질적(異質的)인 느낌을 가지지 않고서도 임의의 방향으로 자유로이 이동할 수 있는 공간, 즉 동질적(同質的)인 세계를 나타낸다.[145] 그리하여 수평 공간 체계에서는 경험이나 인식이 주로 작용하게 된다.[146] 반면 상하로 구분되는 수직성은, 상방은 공간의 신성한 영역으로, 하방은 공간의 속된 영역으로 간주되어[147] 상과 하의 양극적 요소가 주는 대립과 긴장관계를 통해 체계를 뚜렷이 하는 특성을 지닌다.[148] 그것을 따르기 위해서는 인간은 평소에 보던 수평적 방향에서 벗어나 눈을 하늘로 들어 올려야 한다. 수직성은 하늘에서 사라질 뿐, 결코 장애나 한계를 만나지 않는다. 따라서 수직 공간 체계는 그 끝을 알 수 없는 상상력의 원천이 된다.[149] 즉 자연현상의 天과 地가 자연스럽게 上(天)/하(地)라는 기호현상의 실재체(entities)로 바뀌는 것이다.[150]

　그러므로 수직축은 인간의 자의에 의해서가 아니라 객관적으로 주어진 것이다. 반면에 수평축은 인간의 삶이 펼쳐지는 현실세계를 표방한다. 이렇게 보면 수직과 수평의 대립은 자연현상 속에 있는 객관적 실체라기보다는 단위현상으로서 작용하고 있는 기호적 실체라고 할 수 있다. 우주에 존재하는 모든 것들은 기호적 실체인 수직과 수평으로 구성되는 단위공간에서 언어기호로서의 의미작용을 하는 셈이다.[151]

그런데 이렇게 수직과 수평이라는 이항대립(二項對立)이 작용하는
공간도, 양극 항 사이에 개입하여 서로를 융합시키는 작용을 하는
매개물에 의해 서로간의 대립이 불가능 내지 무의미해지는 경우가
있다. 추운 겨울 날 천지간 아득히 눈이 쏟아져 상하 전후좌우로 공
간적 한계를 짓던 모든 사물들 간의 경계들이 사라질 때이다. 늦가
을 장마철, 밑도 끝도 없이 가는 비(細雨세우)가 내려 하늘과 땅, 산
과 들의 표정이 전부 뿌연 안개에 젖어들 때도 그런 경우에 속한다.

　　눈이 내리거나 가을비에 젖은 뿌연 안개로 시야가 모두 가려지면
사물의 디테일(detail)은 사라지고 세계는 완만한 곡선으로 이어지는
실루엣(silhouette)만이 듬성듬성 남게 된다. 유위(有爲) 문명이 이룬 군
더더기는 사라지고 무위(無爲) 자연의 태초 모습이 나타나는 것이다.
그리하여 눈 덮인 대지 위나 짙은 안개 속으로 드러나는 것은 세계
의 본질적인 형상이 된다. 이는 역학적(易學的)으로 보자면 64괘로
분화되기 이전인 8괘의 세계이다. 5,000여 년 전 복희가 은빛 자작
나무 그늘 밑 돌무덤에 앉아 삶과 죽음에 대한 깊은 사색 중에 황하
(黃河)에 나타난 용마(龍馬) 등에 그려져 있던 무늬를 떠올리며 홀연
히 땅 바닥에 나뭇가지로 그린 원질적(原質的)인 팔괘의 세계가 현전
(現前)하는 것이다.

　　밤을 새우며 내리는 눈 혹은 짙게 드리워진 안개는 마침내 외부세

계의 공간적 차이뿐만 아니라, 내면세계의 의미론적 차이마저 지우고 만다. 그리하여 세상은 사물과 사물 사이에 경계가 없는 태초의 공간, 즉 코스모스적 질서미(秩序美) 이전의 미분화된 카오스적 원질미(原質美)의 상태로 변하게 된다.

그리하여 산과 나무와 하늘, 인간은 각각의 고유한 공간적 영역을 벗어나 하나의 태고적 덩어리로 흡수된다. 이처럼 경계가 사라진 곳에서 차이란 있을 수 없다. 눈이 내리면 내릴수록, 안개가 짙으면 짙을수록 이러한 경향은 심화될 것이다. 이때 인간의 서툰 의지 또한 틈입(闖入)할 수 없게 된다. 그리하여 오로지 우주와 하나가 되는 시인만이 거주할 수 있는 시적(詩的) 공간이 만들어진다.[152] 앞에서 인용한 이형기 시인의 「산」은 이러한 정황을 노래한 것이다.

| 산과 인간 |

인간의 생애는 우주의 무한에 비하면 지극히 찰나적이다. 하이데거에 의하면 인간은 그 짧은 삶 동안에도 '죽음을 향해 있는 존재'이므로 죽음은 곧 현존재의 존재방식이기도 하다.[153] 그래서 인간의 삶은 근원적으로 쓸쓸하고 또 슬플 수밖에 없다. 즉, 슬픔은 인간 삶의 원초적 구성요소이다.

인간은 죽으면 산으로 간다. 그 이유는 산이 지상에 뿌리를 두고 있으면서도 그 높이에 의해 수직적 신성(神性)을 지니기 때문이다. 그러므로 산에 간다는 것은 기호론적 의미작용으로만 본다면 지상의 수평적 공간에 속하는 인간이 그간의 세속적인 삶의 존재방식을 벗어나 탈속의 수직적 존재방식으로 전환하는 것을 의미한다.[154] 말하자면 인간은 삶의 끝인 죽음으로써 비로소 그만큼 하늘에 가까워진다.

그러므로 죽는다는 것은 갈증에 울먹이던 저잣거리 두 발목 잡아끄는 긴 수렁을 지나 여름 푸른 산 한 자락을 베고 눕는 호사스런 일일 수도 있다.(이향아, 「여름 산을 바라보고 있으면」[*]). 그러나 죽음은 익숙했던 것들로부터 떠나 다시는 그곳으로 돌아갈 수 없는 영원한 이별이기도 하다. 그래서 산에는 죽은 자의 슬픔도 있다. 대구에 사는 구석본 시인은 이러한 존재의 슬픔과 그로 인한 그리움의 시학을 그의 시 「山에는 슬픔이」에서 잘 보여준다. 이하 그 전문을 소개함으로써 산에 대한 단상을 마치고자 한다.

---

[*] 「여름 산을 바라보고 있으면」- 이향아 : 여름 산을 바라보고 있으면 / 죽는다는 것이 하나도 무섭지 않다 / 죽는다는 것은 / 호사스런 저 산자락을 베고 눕는 일 / 갈증에 울먹이던 저잣거리 / 두 발목 잡아끄는 수렁을 지나 / 연기처럼 구들장을 벗어나는 일 / 연기처럼 긴 머리채 헤뜨리고서 / 벙어리 저 들녘을 내려다보는 일 / 삐비새 원추리꽃 훨훨한 구름 / 비로소 나도 / 무념의 한 칸 마루 정자를 짓는 일 / 멀리 여름 산 고매한 눈길을 쫓아가노라면 / 죽는다는 것이 하나도 무섭지 않다

「山에는 슬픔이」

- 구석본

1

산에는 슬픔이 있다.

죽은 자의 죽은 슬픔이 있다.

슬픔은 풀벌레 울음소리에

젖어 흐르다가

오리나무숲 속에 그림자로 있다가

밤이면 짐승처럼 일어난다.

때로 달빛이 곁에서 비명을 울리고

어허이, 어허이

꽃잎 하나가 안개 속으로 추락하면

풀리지 않는 슬픔이 산에서 울고 있다.

2

그대 죽어서 산으로 간다.

못 다한 그대의 말 하나가

산철쭉 붉은 빛으로 살아나

이승의 피맺힌 울음을 만나지만

보이는 것은 남은 자의 슬픔일 뿐

어허이, 어허이

한 골짝 넘어가는 뻐꾸기 울음일 뿐

그대의 슬픔은

풀잎을 만나면 풀잎의 슬픔이 되고

나무를 만나면

나무의 슬픔이 된다.

2.

씨앗, 꽃, 열매
– 시간적 흐름

| 씨앗과 열매 |

지구 상에서 계절적 변화과정을 가장 잘 보여주는 것은 식물(木)이다. 동물들도 철 따라 모양을 바꾸기는 한다. 가령 강아지의 경우 봄철과 가을철의 모습을 자세히 살펴보면 차이가 나는 것을 발견할 수 있다. 털갈이의 모양새가 다른 것이다. 그러나 그 변화는 한 눈에 알아볼 수 있을 만큼 뚜렷하지가 않다. 반면 식물을 보면 지금이 봄인지 가을인지를 단박에 알아차릴 수 있다. 인간의 오감 중 가장 발달한 것은 시각이다. 그런데 식물은 이러한 시각으로 파악할 수 있는 외형적 모습과 색깔이 계절마다 확연히 다르다.[155]

예컨대 분꽃, 나팔꽃, 코스모스 등은 봄이 오면 싹을 틔우고, 여름 동안 무성히 자란다. 그리고 가을까지 꽃을 피워서 열매인 씨앗을 만들고, 씨앗의 상태로 겨울을 난다. 겨울은 해가 짧고 기온도 낮기 때문에 식물의 생육에는 적합하지 않다. 그래서 이들 식물들은 추위를 견디기 쉬운 씨앗의 상태로 겨울을 지낸다.

　열매는 씨앗과 씨앗을 보호하는 껍질을 합하여 부르는 말이다. 또 씨앗은 꽃가루와 밑씨가 결합한 후 자라서 형성된 것이다. 그런데 콩이나 팥처럼 씨방이 자라서 열매로 된 경우 씨앗과 열매의 겉모습이 똑같다. 그래서 단지 봄에 심을 때는 씨앗이라 하고 가을에 거둘 때는 열매라고 부르는 듯싶기도 하다. 그러나 씨앗이 열매로 전환되기 위해서는 반드시 꽃을 피워서 수정하는 과정을 거쳐야 한다. 마찬가지로 열매가 씨앗 노릇을 하려면 필수적으로 거쳐야 하는 생명적 단계가 있다. 즉, '겨울나기'이다. 그리하여 겨우내 땅속이나 창고 안에서 북방의 차가운 기운을 온전히 받지 못한 핵을 가진 씨앗은 봄에 싹을 제대로 틔우지 못한다. 왜냐하면 음기(陰氣)의 응축력이 모자라서 오행(五行)의 첫째 과정인 수기(水氣)가 제대로 형성되지 못했기 때문이다.[156]

　겨울 동안 내적 성숙과정을 거친 열매는 봄이 오면 씨앗으로 뿌려진다. 여름이 되면 꽃을 피우는 등 성장하여 가을에 열매로 결실된다. 그리고 다시 겨우내 씨앗으로 변화하는 과정을 거친다. 이것을 오행(五行)의 과정으로 보면, 하나의 씨앗(水氣수기)이 싹을 틔워(木氣목기), 무성하게 성장(火氣화기)한 후, 꽃을 피워서 암술과 수술이 교접하여 결실을 맺고(金氣금기), 다시 처음의 모습인 씨앗으로 돌아가는 것(水氣수기)이다.[157] 토기(土氣)는 이러한 네 가지 기운의 작용을 돕는 중심적 에너지이다. 자연은 이와 같은 생명적 과정을 반복하면서 진화한다.

여기서 수기(水氣)를 씨앗으로 보는 이유는 오행의 본체인 기(氣)의 작용원리에서 기인한다. 즉, 기는 음(陰)에 뿌리를 두고 양(陽)이 일어나 펼쳐지고, 다시 음이 거두어들이므로 음기가 양기를 감싸고 있다(〈그림 3〉 참조). 그런데 자연계에서 이와 동일한 모습을 하고 있는 대표적인 것이 씨앗이다. 씨앗은 음(陰)인 씨방이 양(陽)인 핵(核)을 품고 있는 형상을 갖고 있어 기의 작용원리를 그대로 구현한다.[158]

만물의 생명적 전개과정은 시간과 공간의 통합체인 시공 속에서 이루어진다. 씨앗은 시간적으로는 태초이고 공간적으로는 아래(下)이며, 열매는 시간적으로는 종말이고 공간적으로는 위(上)이다. 전한(前漢, B.C.206~A.D.9)시대 맹희(孟喜)는 1년 12달을 역(易)의 64괘 중 12괘로 형상화하는 십이 벽괘설(十二辟卦說)*을 주장하였다. 이는 사계절의 변화 양상을 12괘의 괘상으로 패턴화한 것이다. 64괘 중 24번째 괘인 복괘(復卦, ䷗)와 23번째 괘인 박괘(剝卦, ䷖)는 각각 음

---

* '벽(辟)'은 임금, 군주라는 의미다. 이들 12괘가 차례로 작용하여 해당 달에 군림하는 것이 마치 오행설에서 오덕이 차례로 번갈아 왕이 되는 것과 비슷하므로 12벽괘라 한다.[160]

력으로 11월과 9월을 나타낸다. 초효(初爻)의 의미를 강조하는 복괘에서는 두 번째 효인 육이(六二)에서 "그 아래 씨앗을 심었다(以下仁也이하인야)."고 하여 초효인 양효를 씨앗의 상징으로 표현한다. 이는 삭막한 밤과 어둠의 시절인 음력 11월의 동짓달에 생명의 불씨인 씨앗이 생성함을 나타낸다. 반면 상효(上爻)의 의미를 강조하는 박괘에서는 여섯 번째 효인 상구(上九)에서 "큰 열매는 먹지 않는다(碩果不食석과불식)."고 하여 상효인 양효를 열매의 상징으로 본다. 여기서 큰 열매(碩果)는 튼실한 씨앗을 말한다. 이는 다음 해 봄에 심을 씨앗을 미리 골라놓고 아무리 배가 고파도 씨앗까지 먹어서는 안 된다는 것을 말한다. 즉, 큰 과일(碩果)이 유일하게 존재하여 양(陽)이 끝내 소멸되지 아니하는 것을 보여주는 것이다. 이처럼 주역의 괘상(卦象)은 씨앗이 자라나 열매가 되는 시간과 공간구조를 모두 담고 있다.[159]

그런즉 역(易)에서 씨앗은 태극과 연결된다고 본다. 씨앗은 공간적 형체를 지니는 나무가 시간에 따라 변화하는 모든 정보를 품고 있기 때문이다. 그러므로 나무의 존립 근거인 공간과 변화 근거인 시간이 씨앗 속에 함께 축소되어 있다고 할 수 있다. 씨앗이 자라난 열매 속에 나무와 그 연장(延長)으로서의 우주가 녹아 있는 것이다.[161]

장석주 시인의 시 「대추 한 알」은 이러한 정황을 노래한 것이다,

「대추 한 알」

– 장석주

저게 저절로 붉어질 리는 없다.
저 안에 태풍 몇 개
저 안에 천둥 몇 개
저 안에 벼락 몇 개

저게 저 혼자 둥글어질 리는 없다.
저 안에 무서리 내리는 몇 밤
저 안에 땡볕 두어 달
저 안에 초승달 몇 날

| 씨앗과 꽃, 그리고 열매 |
– 과거와 현재 그리고 미래로의 시간적 흐름

▶ 꽃의 역할

봄에 씨앗을 뿌리는 까닭은 가을에 열매를 수확하기 위해서이다.

땅속에서 썩어 없어진 하나의 씨앗이 같은 모양의 수많은 열매로 다시 돌아오는 것은 자연이 주는 신비로움이다. 그런데 씨앗은 어떻게 해서 열매로 바뀌는가? 그것은 바로 꽃의 역할 때문이다. 아무리 좋은 씨앗을 뿌리고 거기에서 튼튼한 싹이 나온들 꽃을 피우지 못하면 열매를 맺을 수가 없다. 씨앗은 열매로 가기 위하여서는 꽃이라는 중간 단계를 반드시 거쳐야 한다. 그렇다면 꽃의 어떤 역할이 씨앗을 열매로 전환시키는가?

꽃은 대개의 경우 수술과 암술, 그리고 꽃잎과 꽃받침으로 이루어져 있다. 지구 상의 꽃식물은 40만 종이 넘는다. 그런 만큼 꽃의 색깔이나 형태는 다양하지만, 피는 목적은 오직 하나다. 그것은 수술에서 만들어진 꽃가루(花粉화분)를 암술에 묻히는 수분(受粉)행위, 즉 사랑의 실천이다. 수술의 꽃가루 안에는 정자에 해당하는 세포가 들어 있고 암술의 끝 부분인 씨방(子房자방)에는 난자에 해당하는 밑씨(核핵)가 들어 있다. 암술은 수술로부터 꽃가루를 받는 수분행위를 거쳐야만 비로소 그 최종목표인 열매를 맺을 수 있다. 그러므로 꽃은 식물의 성기(性器)라고 할 수 있다.

수분(受粉)이 끝나면 이제 꽃은 식물에게 불필요한 존재가 된다. 그래서 식물은, 예외도 있지만, 에틸렌(ethylene)이라는 물질을 만들어 꽃을 적극적으로 시들게 하거나 벚꽃이나 목련처럼 나무로부터

시 詩로 보는 계절과 인생론
봄날은 간다 – 역易 철학을 중심으로

떨어지게 하는 낙화(落花)현상을 일으킨다.

▶ 현재인 꽃과 사랑의 관계

우리는 흔히 시간을 과거 · 현재 · 미래의 세 가지 양상으로 구분한다. 이는 시간 속에서 삶을 영위하는 인격적 주체인 '나'를 기준으로 한다. 왜냐하면 '나'라는 기준점이 없다면 과거 · 현재 · 미래라는 구분 자체가 불가능하기 때문이다. 그리고 이는 시간의 흐름을 직선적으로 이해하는 것이 된다.*

씨앗과 꽃 그리고 열매로 이어지는 식물의 생애에서 씨앗과 열매를 과거와 미래로 비유한다면 꽃은 현재라고 할 수 있다. 누구나 현재의 중요성을 강조한다. 지나간 과거는 현재에서 기억할 수 있을 뿐이고, 다가올 미래는 현재에서 기대하는 것에 불과하기 때문이다. 그러므로 인간에게는 과거에서 현재를 거쳐 미래로 흐르는 연속

---

* 시간의 구조는 직선적인 것과 순환적인 것으로 구분한다. 과거 · 현재 · 미래는 시간의 흐름을 직선으로 이해할 때의 단선적 구분이다. 그러나 인간에게 보다 절실한 시간의 존재 양상은 봄 · 여름 · 가을 · 겨울이라는 순환적 구분이다. 이는 인간을 비롯한 만물의 생장성멸(生長成滅)이라는 생명적 전개과정을 나타내는 하나의 생명적 척도이기 때문이다.[162]

으로서의 지속, 곧 시계가 지시하는 시간이 아니라, 오히려 과거와 미래가 뒤섞이어 한 순간으로 응축되는 현재가 보다 의미 있다.

그런데 현재를 표상하는 꽃의 가장 중요한 역할은 씨앗을 만들어 대를 잇는 것이다. 이는 구체적으로 꽃가루를 주고받는 사랑 행위를 통해 이루어진다. 그러므로 현재를 상징하는 꽃의 가장 중요한 행위는 사랑이다. 이는 사람에게도 마찬가지로 적용된다. 사람이 사는 동안 할 수 있는 역할 중 가장 중요한 것 중의 하나가 다음 세대를 존재하게 하는, 대를 잇는 것이라고 할 때 그것은 사랑을 통해 이루어지기 때문이다. 그리하여 '시간의 현재성'과 그것을 살아가는 구체적 양상으로서의 '사랑'은 사람에게 가장 중요한 실존적 요소가 된다. 인간의 삶이 보다 아름답게 승화되기 위해서는 누군가로부터 진정으로 사랑받는 순간이, 그래서 그 또한 누군가를 온몸으로 사랑하는 순간이 반드시 있어야 한다.

그러나 사랑은 무엇에 비할 수 없는 기쁨도 주지만 차마 견딜 수 없는 아픔도 준다. 사랑은 섬광처럼 나타났다가 무지개처럼 사라지는 아우라인 탓이다. 그러나 누군가를 사랑해서 한없이 행복했고, 또 누군가를 보낼 수밖에 없어서 고통과 번민으로 밤을 지새우는 일은 우리 생애 중 과연 몇 번이나 있을까. 그래서 사랑해서 기뻐했고 이별이 서러워 가슴 아파하는 이들은 모두 무죄다. 사랑하고 사랑

시 詩로 보는 계절과 인생론
봄날은 간다 – 역易 철학을 중심으로

받으면서 자신에게 주어진 현재를 뜨겁게 살았기 때문이다.[163] 이런 까닭에 어떤 사람은 '지금 사랑하지 않는 자, 모두 유죄'라고 했다. 그들은 사랑하는 기쁨과 그 대가인 고통을 치르지 않은 채 세상살이를 한다고 생각되기 때문이다.

▶ 시간의 인식 – 과거에 대한 기억과 미래에 대한 기대작용

인간은 사물에 대한 단순한 공간적 지각만으로는 사물의 변화를, 더구나 그 변화 속을 관통하는 시간의 흐름을 인식할 수 없다. 변화 속에서 시간의 흐름을 감지하기 위해서는 과거에 대한 기억과 장차 있을 것으로 예견되는 미래에 대한 기대를 현재의 지각에 연결시킬 수 있어야 한다. 기억작용과 기대작용이 없이는 변화에 대한 인식, 즉 변화의 가능 조건이자 바탕이 되는 시간의 흐름에 대한 인식 자체가 불가능하기 때문이다.[164]

현재가 지각을 통해 인식될 수 있는 것과는 달리 과거는 오직 기억에 의해서만 인식된다. 흐르고 망실되는 시간의 일방적인 흐름에 저항하는 것은 다름 아닌 기억이다. 소리와 냄새가 묻은 기억은 흐르는 시간의 질서에 거역함으로써 세월의 변화와 무상함을 넘어서서 의식의 주체인 인간이 그의 정체성을 유지하면서 살아가는 삶의 토대가 된다.[165] 만약 인간에게 과거에 대한 기억능력이 없다면 그가 살아있다는 것이 과연 무슨 의미가 있겠는가?

기억은 감각기관을 통해 들어온 사건이 상징과 기호로 버무려져 여러 번 접힌 후 무의식 깊숙한 곳에 저장된 것이다. 시간과 공간의 퇴적물 안에 묻힌 기억의 단자(單子, monad)들이 뜬금없이 '그때, 그곳'의 아우라(aura)와 조우하면 그것은 불현듯 자신의 모양을 드러내기 시작한다. 기억의 단자들이 서로 연결되거나 누구에 의해 호명될 때, 기억은 주름 잡힌 몸을 열고 세상에 나타난다.

그런데 우리 뇌는 모든 기억을 평등하게 대우하지 않는다. 어린 시절에 겪은 온갖 새로운 일들, 강렬한 느낌, 충격적인 기억들은 오랫동안 지속되는 반면에 나이 들어 겪는 반복되어 일상적인 기억들은 오래 남지 않는다. 흔히들 어린 시절의 첫사랑은 오래 남고, 나이가 들수록 시간이 빠르게 지나간다고 하는데 이는 우리 뇌에 남게 되는 기억의 양(量)이 나이 든 때 겪은 것일수록 적은 탓이다. 즉, 성장기 시절 겪은 새롭고 자극적인 경험일수록 도파민(dopamine) 수치를 증가시켜 선조체(線條體)*의 시간감각회로를 빠르게 진동시키고, 이로 인해 같은 시간도 길게 느껴

---

* 선조체(線條體, striatum)란 의학에서 미상핵(꼬리핵)과 피각(조가비핵)을 함께 일컫는 말로, 기저핵(基底核, basal ganglia)에서 주로 정보를 받아들이는 영역이다.

지게 된다. 이러한 기억 속의 과거는 지금 이 순간의 경험과 느낌, 생각으로 인해 편집되기도 한다. 과거와 현재의 변화가 클수록 우리의 과거는 더 많이 편집된다.[166]

▶ 기억의 장소성

흔히들 기억은 시간이 만든 산물이라고 생각하지만 기억은 시간이 아니라 장소에 기생한다. 시간이 흘러간다는 선입감 때문에 흐르는 세월 따라 잊히는 기억을 시간의 범주로 파악하기 쉽다. 그러나 실제로는 우리의 모든 기억은 공간 속 어떤 장소에 깃들어 있다. 그 장소에 함께 있던 사물들과, 다른 존재와 나는 서로 간의 겹침과 공유를 통해 각자의 자취와 흔적을 남긴다. 이들은 서로 간의 지향과 표현을 교차하면서 상대에게 기억을 심어준다. 그 장소에 '더 이상 있지 않음'이 흔적과 기억으로 양분되어 다시 만날 어떤 날을 기약했다가, 뜬금없이 불쑥 어떤 장소에서 다시 소생한다. 수년의 세월이 흐른 후 달라진 그 장소와 조우할 때 우리의 기억은 봄비로 흥건히 젖은 라일락 뿌리처럼 다시 되살아난다. 그것은 아프지만 가슴 두근거리는 물질과 기억의 재회이다. 그래서 기억은 얼핏 시간의 짝으로 보이지만, 사실은 기억의 동반자는 장소이다.[167]

어떤 이는 장소와 사람은 보지 않으면 언젠가는 잊힌다고 한다. 그러나 시간이 지날수록 이제는 돌아갈 수 없는 고향에 대한 수심(愁心)이 더욱 깊어지듯이 다시는 만날 수 없는 사람에 대한 그리움과 추억 또한 더욱 절실해지고 가까워질 수도 있다.

그러므로 기억이 존재하지 않으면 사랑과 아픔도 없다. 사랑의 기쁨도 없고 아픔의 상처도 없는 세월은 피는 꽃도 없고 지는 꽃도 없으므로 변화가 없는 정지된 시간이다. 정지된 시간을 산다는 것은 죽어지내는 것과 별반 다를 바 없다. 꽃이 지는 게 죽음이 아니라 변화 없이 머물러 있으면 그것이 곧 죽음인 것이다. 그러므로 사랑이든 아픔이든 기억을 할 수 있다는 것에 감사해야 한다. 언젠가 그 기억마저 흐르는 강물처럼 떠나고 나면 그 빈자리는 무엇으로 채울 것인가.

이문재 시인의 시 「소금 창고」와 박정대 시인의 시 「그 깃발, 서럽게 펄럭이는」은 지나간 기억 속의 세월과 빛바랜 옛 사랑에 대한 추억을 장소라는 공간적 요소의 정황을 통해 잘 보여준다.

「소금 창고」

– 이문재

염전이 있던 곳

나는 마흔 살

늦가을 평상에 앉아

바다로 가는 길의 끝에다

지그시 힘을 준다 시린 바람이

옛날 노래가 적힌 악보를 넘기고 있다

바다로 가는 길 따라가던 갈대 마른 꽃들

역광을 받아 한 번 더 피어 있다

눈부시다

소금창고가 있던 곳

오후 세 시의 햇빛이 갯벌 위에

수은처럼 굴러다닌다

북북서진하는 기러기 떼를 세어 보는데

젖은 눈에서 눈물 떨어진다

염전이 있던 곳

나는 마흔 살

옛날은 가는 게 아니고

이렇게 자꾸 오는 것이었다

※『제국호텔』(문학동네, 2005)에서 전재함

「그 깃발, 서럽게 펄럭이는」

- 박정대

기억의 동편 기슭에서
그녀가 빨래를 널고 있네. 하얀 빤스 한 장
기억의 빨랫줄에 걸려 함께 허공에서 펄럭이는 낡은 집 한 채
조심성 없는 바람은 창문을 흔들고 가네. 그 옥탑 방

사랑을 하기엔 다소 좁았어도 그 위로 펼쳐진 여름이
외상 장부처럼 펄럭이던 눈부신 하늘이, 외려 맑아서
우리는 삶에,
아름다운 그녀에게 즐겁게 외상 지며 살았는데

내가 외상 졌던 그녀의 입술
해변처럼 부드러웠던 그녀의 허리
걸어 들어갈수록 자꾸만 길을 잃던 그녀의 검은 숲속
그녀의 숲속에서 길을 잃던 밤이면
달빛은 활처럼 내 온몸으로 쏟아지고
그녀의 목소리는 리라 소리처럼 아름답게 들려 왔건만
내가 외상 졌던 그 세월은 어느 시간의 뒷골목에
그녀를 한 잎의 여자로 감춰두고 있는지

옥타비오 빠스를 읽다가 문득 서러워지는 행간의 오후

조심성 없는 바람은 기억의 행간을 마구 펼쳐 놓는데

내 아무리 바람 불어간들 이제는 가 닿을 수 없는, 오 옥탑 위의

옥탑 위의 빠스, 서럽게 펄럭이는

우리들 청춘의 아득한 깃발

그리하여 다시 서러운 건

물결처럼 밀려오는 서러움 같은 건

외상처럼 사랑을 구걸하던 청춘도 빛바래어

이제는 사람들 모두 돌아간 기억의 해변에서

이리저리 밀리는 물결 위의 희미한 빛으로만 떠돈다는 것

떠도는 빛으로만 남아 있다는 것

※『아무르 기타』(문학사상사, 2004)에서 전재함

옥타비오 빠스(Octavio Paz Lozano, 1914~1998)는 멕시코 태생으로 라틴 아메리카를 대표하는 시인들 중의 한 사람이다. 그는 명상의 세계를 시적 아름다움으로 표현하는 데 있어서 탁월한 재능을 보인다.

박정대 시인은 어느 날 '옥타비오 빠스'의 시를 읽다가 문득 그의 이름과 발음이 유사한 '빤스'로 인해 지난 한 때의 추억을 떠올리며 그리워한다. 옥탑 방에서 피어올랐던 그 때의 열정은 이제는 다시 찾을 수 없는 젊은 날의 노스탤지어(nostalgia). 그래서 그의 마음은 추억 속의 그 시절로 다시는 돌아갈 수 없는 서러움에 젖는다.[168]

3.

'세한도'
– 공간과 시간의 정지 미학

| 희고 맑은 겨울 색 – '세한도' |

'겨울'하면 어떤 색깔이 떠오르는가? 겨울은 하얀 색 눈과 투명한 햇살로 인해 희고 맑다. 반면 봄은 개나리의 노란색, 진달래와 벚꽃의 분홍색, 라일락의 자주색 등이 어우러져 화사하다. 잎보다 꽃이 먼저 피기 때문이다. 덧붙이면 여름은 잎이 무성한 계절인 까닭으로 푸르다. 반면 가을은 김현승 시인*에 의하면 머나먼 하늘에서 차가운 물결과 같이 밀려오는 쪽빛이다.

'세한도**'는 희고 맑은 겨울 색을 대표하는 작품이다. 우리나라 예

---

*   김현승 시인(1934~1975)은 사색을 떠나서는 생각할 수 없는 시인이다. 그는 스스로 "일생에 나만큼 가을에 대한 시를 많이 쓴 시인도 우리나라에서는 아마도 없을 것이다."라고 할 정도로 가을이라는 주제에 집착하였다.[169]
** 세한(歲寒)의 사전적 의미는 '설 전후의 추위'로서 매우 심한 한겨울의 추위를 말한다.

술사에 있어 계절의 서정성을 가장 잘 나타낸 것을 짚으라고 한다면 필자는 봄날을 대표하는 것으로는 가요계의 「봄날은 간다」를 꼽고 싶다. 그리고 겨울을 대표하는 것으로는 추사 예술의 정수(精髓)이자 우리나라 문인화의 최고봉인 '세한도'를 들고자 한다. 이들은 작품 자체가 지니는 뛰어난 예술성은 물론이거니와 후세에 끼친 영향력에 있어서도 타의 추종을 불허한다고 생각한다.

'세한도'는 추사(秋史) 김정희(金正喜, 1786~1856)가 제주에 유배 간 지 5년이 되던 1844년에 그린 것이다. 당시 제자이자 온양군수였던 이상적(李尙迪, 1803~1865)이 역관(譯官)으로 연경을 다녀오면서 정성을 다해 구해온 책들을 보냈는데 이에 대한 고마움의 표시로 김정희는 '세한도'를 그려주었다. 초가와 소나무가 함께 어우러져 한적한 분위기를 연출하는 '세한도'의 평면적 구도는 예서(隸書 : 篆書전서의 번잡함을 생략해서 만들었음)의 기미를 지닌 해서체(楷書體 : 예서에서 발달한 것으로 글자의 모양이 가장 반듯함)의 간결한 필선(筆線)으로 써 내려간 발문(跋文 : 책 끝에 본문 내용의 대강이나 간행 경위 등을 적은 글)으로 인해 더욱 고졸(古拙)한 느낌을 준다.

'세한도' 발문의 내용은 이러하다.

去年以晚學大雲二書寄來 **거년이만학대운이서기래**

今年又以藕耕文編寄來 금년우이우경문편기래

此皆非世之上有 차개비세지상유 購之千萬里之遠 구지천만리지원

積有年而得之 적유년이득지 非一時之事也 비일시지사야

且世之滔滔 차세지도도 惟權利之是趨爲之 유권리지시추위지

費心費力如此 비심비력여차 而不以歸之權利 이불이귀지권리

乃歸之海外蕉萃枯槁之人 내귀지해외초췌고고지인

如世之趨權利者 여세지추권리자

太史公云 태사공운 以權利合者 이권리합자

權利盡以交疎 권리진이교소 君亦世之滔滔中一人 군역세지도도중일인

其有超然自拔於滔滔權利之外 기유초연자발어도도권리지외

不以權利視我耶 불이권리시아야 太史公之言非耶 태사공지언비야

孔子曰 공자왈 歲寒然後 세한연후 知松柏之後凋 지송백지후조

松柏是貫四時而不凋者 송백시관사시이부조자

歲寒以前一松栢也 세한이전일송백야 歲寒以後一松栢也 세한이후일송백야

聖人特稱之於歲寒之後 성인특칭지어세한지후 今君之於我 금군지어아

由前以無加焉 유전이무가언 由後而無損焉 유후이무손언

然由前之君 연유전지군 無可稱 무가칭 由後之君 유후지군

亦可見稱於聖人也耶 역가견칭어성인야야 聖人之特稱 성인지특칭

非徒爲後凋之貞操勁節而已 비도위후조지정조경절이이

亦有所感發於歲寒之時者也 역유소감발어세한지시자야

烏乎 **오호** 西京淳厚之世 **서경순후지세** 以汲鄭之賢 **이급정지현**

賓客與之盛衰 **빈객여지성쇠** 如下邳榜門 **여하비방문**

迫切之極矣 **박절지극의** 悲夫 **비부** 阮堂 **완당** 老人書 **노인서**

그대가 지난해에 계복(桂馥)의 『만학집』(晚學集)과 운경(惲敬)의 『대운산방문고』(大雲山房文藁) 두 책을 부쳐주고, 올해 또 하장령(賀長齡)이 편찬한 『황조경세문편』(皇朝經世文編) 120권을 보내주니, 모두 세상에 흔한 일이 아니다. 천만 리 먼 곳에서 사온 것이고, 여러 해에 걸쳐서 얻은 것이니, 일시에 가능했던 일도 아니었다. 지금 세상은 온통 권세와 이득을 좇는 풍조가 휩쓸고 있다. 그런 풍조 속에서 서책을 구하는 일에 마음을 쓰고 힘들이기를 그 같이 하고서도, 그대의 이득을 보살펴 줄 사람에게 주지 않고, 바다 멀리 초췌하게 시들어가는 사람에게 보내는 것을 마치 세상에서 잇속을 좇듯이 하였구나! 태사공(太史公) 사마천(司馬遷)이 말하기를 "권세와 이득을 바라고 합친 자들은 그것이 다하면 교제 또한 성글어진다."고 했다. 그대 또한 세상의 도도한 흐름 속에서 사는 한 사람으로 세상 풍조의 바깥으로 초연히 몸을 빼었구나. 잇속으로 나를 대하지 않았기 때문인가? 아니면 태사공의 말이 잘못되었는가? 공자께서 말씀하시기를 "한겨울 추운 날씨가 된 다음에야 소나무, 잣나무가 시들지 않음을 알 수 있다."고 하였다. 소나무, 잣나무는 본래 사계절 없이 잎이 지지 않는 것이다. 추운 계절이 오기 전에도 같은 소나무, 잣나무요, 추위가 닥친 후에도 여전히 같은 소나무, 잣나무다. 그런데도 성인(공자)께서는 굳이 추위가 닥친 다음의 그것을 가리켜 말씀하셨다. 이제 그대가 나를 대하는 처신을 돌이켜보면 그 전이라고 더 잘할 것도 없지만, 그 후라고 전만큼 못한 일도 없었다. 그러나 예전의 그대에 대해서는 따로 일컬을 것이 없지만, 그 후에 그대가 보여준 태도는 역시 성인에게도 일컬음을 받을 만한 것이 아닌가? 성인이 특히 추운 계절의 소나무, 잣나무를 말씀하신 것은 다만 시들지 않는 나무의 굳센 정절만을 위한 것이 아니었다. 역시 추운 계절이라도 그 시절에 대하여 따로 마음에 느끼는 점이 있었던 것이다. 아아! 전한(前漢) 시대와 같이 풍속이 아름다웠던 시절에도 급암(汲黯)과 정당시(鄭當時)처럼 어질던 사람조차 그들의 형편에 따라 빈객(賓客)이 모였다가는 흩어지고는 했다. 하물며 하규현(下邽縣)의 적공(翟公)이 대문에 써 붙였다는 글씨(翟公書門적공서문)[*] 같은 것은 세상인

---

* 적공서문(翟公書門)의 유래는 다음과 같다. 전한(前漢) 7대 무제(武帝) 때의 현신(賢臣) 급암(汲黯)과 정당시(鄭當時)는 모두 아홉 개 부처의 최고 자리에 해당하는 구경(九卿)까지 올랐지만, 둘 다 강한 성품으로 해서 좌천과 면직, 재등용을 되풀이했다. 이들이 각각 현직에 있을 때에는 방문객이 문전성시를 이루었으나 면직되었을 때는 방문객의 발길이 끊어졌다. 하규의 적공(翟公)이 정위(廷尉)가 되었을 때는 빈객이 대문을 가득 메웠지만 면직되었을 때는 집 안팎이 한산하여 대문 밖에 새그물을 쳐놓을 정도였다가 다시 정위의 위에 오르자 빈객들이 앞 다투어 교류하고자 했다. 이에 적공은 대문 앞에 다음과 같이 써 붙였다. "한 번 죽고 한 번 삶에 사귐의 정을 알겠고 한 번 가난하고 한 번 부하게 됨에 사귐의 태도를 알겠으며 한 번 귀하고 한 번 천하게 됨에 사귐의 정이 나타나게 되네(一生一死일생일사 乃知交情내지교정, 一貧一富일빈일부 乃知交態내지교태 一貴一賤일귀일천 乃見交情내견교정)." 이러한

심이 극에 다다른 것이리라. 슬프다! 완당 노인[*] 쓰다.[170]

 추사로부터 뜻하지 않게 이 천하의 명작을 선물 받은 이상적은 너무도 기뻤다. 그는 연경으로 떠나려던 참에 이 '세한도'를 받고는 감격하여 추사에게 정중한 감사의 편지를 보냈다.

 삼가 '세한도' 한 폭을 받아 읽으며 눈물이 흘러내리는 것도 깨닫지 못하였습니다. 너무나 분수에 넘치게 칭찬해 주시니 감개가 진실되고 절절하였습니다.

 아아! 제가 어떤 사람이기에 도도히 흐르는 세파 속에서 권세와 이익을 따르지 않고 초연히 빠져나올 수 있겠습니까. 다만 구구한 작

고사를 사마천은 자신의 『사기』「급정열전(汲鄭列傳)」에서 "정당시 같은 어진 사람들에게도 찾아오는 사람들이 세상의 인심과 더불어 많아지기도 하고 적어지기도 하였다."고 적어 놓았다.[171]

* 김정희는 평생 300개가 넘는 호를 썼다. 이 중 추사(秋史)와 완당(阮堂)이 대표적이다. 추사의 연원은 정확히 알려져 있지 않다. 다만 학자들은 김정희가 철학적 스승으로 삼았던 공자의 저서 『春秋』와 『史記』를 쓴 태사공(太史公) 사마천(司馬遷)의 역사가로서의 긍지를 담아 만든 호일 것으로 추측한다. 반면 완당(阮堂 : 완원을 사모하는 집)은 스승으로 섬겼던 청나라의 대학자 완원(阮元)에서 따온 것으로 생각된다. 김정희는 24세에 청나라를 방문해 완원을 만난 뒤 40여 년이나 교류를 이어갔다. 그는 59세에 남긴 필생의 걸작 '세한도'에 완당이란 호를 쓸 정도로 완원으로부터 영향을 받았다. 그러나 필자를 비롯한 다수인은 완당보다 추사체에 근거한 추사에 보다 익숙하므로 여기에서는 추사란 호를 쓰기로 한다.

은 마음으로 스스로 하지 않을 수 없어 그리하였을 뿐입니다. (중략) 이번 걸음에 이 그림을 갖고 연경에 가서 표구하여 옛 지기 분들에게 보이고 시문(詩文)을 청할까 하옵니다.[172)]

※ 이상적은 이듬해인 1845년 중국에 갈 때 이 작품을 갖고 가 청나라 학자 열여섯 명의 찬시를 받아 장대한 두루마리로 표구해 애장했다.[173)]

앞서 언급한 바대로 '세한도'는 당대는 물론이고 후대의 문인들에게도 큰 영향을 끼쳤다. 이는 '세한도'가 지니는 독특한 예술성이 작품 탄생 이후 200여 년이 지난 오늘날에도 퇴색함 없이 옛 정취 그대로 우리에게 다가오고 있기 때문이다. '세한도'의 구도는 덜어낼수록 본질로 다가가는 동양정신에 바탕을 두고 있다. 그림은 원경(遠景)도, 근경(近景)도 없이 소나무 두 그루와 잣나무 두 그루, 그리고 문 하나뿐인 소옥(小屋)이 전부다. 제목의 겨울임을 알게 하는 오브제(objet, 가령, 쌓인 눈에 꺾인 나뭇가지 등) 또한 없으나 소략(疏略 : 꼼꼼하지 못하여 엉성한 상태)한 구도 자체가 찬바람 부는 한겨울임을 알리기에 부족함이 없다. 유홍준에 의하면 이러한 '세한도'의 구도는 중국 문인화의 화풍을 따르고는 있지만 추사 특유의 필치에 의한 독창성을 지니고 있다.

그림 중 발문(跋文)의 서체는 소략한 그림의 구도와 기법에 배치되거나 어색함이 없이, 그림과 함께 어우러져 작품의 예술성을 한층 더 높이고 있다. 추사는 그림과 글씨를 따로 보는 것이 아니라, 그림을 글씨 쓰듯이 하고 글씨를 그림 그리듯이 하여 글씨의 장점과 그림의 장점을 회통시켰다. '세한도'의 이러한 표현기법은 사실성과 관념성을 결합한 추사 김정희의 독특한 예술적 특성이다.[174]

그리하여 추사는 이 그림 하나로 절해고도 제주에서 위리안치 유배생활을 할 수밖에 없었던 처연한 심경, 그럼에도 잃지 않은 선비의 올곧은 정신, 그리고 시(詩)·서(書)·화(畵)를 통섭하는 그의 빼어난 예술적 재능 등을 모두 표현하였다. 여지선(건국 대학교 외래 교수)에 의하면 세한도는 20세기 들어 80여 명 시인들의 개성 있는 시를 통해 다양한 의미와 깊이로 재탄생되었으며, 그리하여 오늘날에도 현대시 독자들과의 소통으로 이어지고 있다.[*]

필자가 아래에 소개하는 두 편의 시도 이들 중 일부에 속한다. 이 중 박현수의 「세한도」는 1992년 한국일보 신춘문예 당선 작품이다.

---

[*] 여지선은 2007년도에 투고한 그의 논문 「한국 현대시에 나타난 완당 김정희의 세한도」에서 이를 밝혔다. 물론 여기에는 제자 이상적이 청나라 명사 16인에게 보여주고 받은 찬문찬시는 제외된다. 구체적으로 밝히면, 고재종, 도종환, 박신지, 유안진, 조정권, 정희성, 허만하, 장석주, 황지우, 김지하, 이근배, 정일근, 정호승, 김정희, 박현수 등이다.

「세한도(歲寒圖) 속에는」

- 김정희

하얗게 언 하늘에 별곡이 흐르고 있다
서슬 푸른 창대이듯 서 있는 소나무
그 곁에 휘늘어진 노목(老木)
예서체 쓰는 날에

눈 덮인 바닷가엔 솔빛만이 푸르다
용솟음치는 성난 파도 먹물 풀어 잠재우고
적막이 숨죽인 자리
새 한 마리 날지 않았다

다만, 우주와 교신하는 외딴집 둥근 창하나
사람은 뵈지 않고 신명만 넘나드는 곳
깡마른 조선의 혼불이
이글이글 타고 있었다

「歲寒圖」

                        - 박현수

1

어제는
나보다 더 보폭이 넓은 영혼을
따라다니다 꿈을 깼다
영원히 좁혀지지 않는 그 거리를
나는 눈물로 따라갔지만
어느새 홀로 빈들에 서고 말았다
어혈의 생각이 저리도
맑게 틔어오던 새벽에
헝크러진 삶을 쓸어올리며
첫닭처럼 잠을 깼다

누군 핏속에서
푸르른 血竹을 피웠다는데
나는
내 핏속에서 무엇을 피워낼 수 있을까

2

바람이 분다

가난할수록 더 흔들리는 집들

어디로 흐르는 강이길래

뼛속을 타며

삼백 예순의 마디마디를 이렇듯 저미는가

내게 어디

학적鶴笛으로 쓸 반듯한

뼈 하나라도 있던가

끝도 없이 무너져

내리는 모래더미 같은 나는

스무해 얕은 물가에서

빛 좋은 웃음 한 줌 건져내지 못하고

그 어디

빈 하늘만 서성대고 다니다

어느새

고적한 세한도의 구도 위에 서다

이제

내게 남은 일이란

시누대처럼

야위어가는 것

| 겨울 - 공간과 시간의 침묵 |

겨울은 모든 것이 얼어붙어 숨죽이는 계절이다. 푸른빛이던 강과 산은 엷은 잿빛으로 물들어 적막하고, 잎을 떨군 나무들은 마르는 햇살 따라 하루하루 야위어 간다. 살아있는 많은 것들이 그 동안의 왕성했던 생명활동을 멈추고 봄을 기다리며 긴 동면에 들어가는 때다. 그래서 겨울은 흔히 '공간과 시간이 침묵하는 계절'로 인식된다.

눈은 산 것이든 죽은 것이든 가리지 않고 내려앉는다. 눈은 낮은 곳이라고 더 많이 내리거나, 높은 곳이라고 더 적게 내리는 등으로 차별하지도 않는다. 늦가을 장마에 낙엽 지듯 그저 쉬엄쉬엄 쏟아지는 눈은 이것저것으로 구분되어 있던 모든 것을 실루엣으로 남긴 채 흰색 하나로 덮어버릴 뿐이다. 그러므로 눈으로 덮인 세상은 이쪽과 저쪽의 편 가름, 삶과 죽음의 경계, 생겨남과 사라짐의 차이마저 모두 지워버리는 절대 평등의 세계다. 이러한 세상에서는 아름다운 것도 더러운 것도, 잘난 것도 못난 것도, 심지어 사랑과 미움까지도 차이가 있을 수 없다. 다만 온 세상을 한 가닥 은빛 선으로 이어가는 단순함과 쌓인 눈만큼 깊어가는 적막이 있을 뿐이다.

흙은 볍씨 한 톨 뿌리면 수백 배의 알곡으로 돌려주고 꽃씨 하나 심으면 철따라 형형색색의 꽃을 피워 올리는 넉넉한 인심을 지녔다.

그러나 흙도 겨울이 오면 자선활동을 멈춘다. 나무들도 물을 향해 꿈틀거리던 뿌리를 움츠리고 성장을 멈춘다. 다만 찬바람 불면 이리 밀리고 저리 밀리는 빛바랜 나뭇잎만 부서진 추억마냥 한적한 거리를 스산하게 떠다닌다.

겨울은 침묵하는 계절이다. 새들이 떠난 산은 빈산으로 남아 침묵하고, 은빛 가을 햇살을 적시며 내려가던 강도 흐름을 멈춘 채 침묵한다. 농부들이 떠나고 벼 그루터기만 남은 들판도 침묵하고, 하늘 높이 날아오르던 새들도 비상(飛上)을 멈추고 마른 나무 꼭대기에서 날개를 접은 채 침묵의 시간을 꿈꾼다. 아이들이 학교에 늦을새라 동무를 부르며 와자지껄 뛰어가던 골목길도 언제 그랬느냐는 듯 조용히 침묵한다.

그리하여 침묵은 존재하는 모든 것들이 겨울을 건너가는 통과 의식(儀式)이 된다. 그러나 겨울 동안의 이러한 조용함은 보이지 않는 안으로는 내적 생명력이 채워져 가는 과정이라고 할 수 있다. 이는 사람이 잘 때에는 아무 일도 하지 않는 것처럼 보이지만, 사실은 그 잠자는 동안이 가장 왕성한 생명력의 응축 과정인 것과 마찬가지다. 만물은 휴식할 수 있는 한 때를 가질 수 있어야 다음의 활동을 제대로 할 수 있는 힘을 비축할 수 있다.

인간사회에서도 여름나기는 물질적인 성장을 추구하는 '외적 활동'을 주된 내용으로 삼는다. 그러나 겨울나기는 안으로 향한 생명원리의 '내적 수양'을 중요 덕목으로 한다. 그러므로 겨울을 지내는 모습은 미래의 새로운 삶을 기대하며 준비하는 '고독하고도 외로운 자기 심화 과정'이다. 즉, 씨앗은 스스로 썩어야만 새로운 싹을 피울 수 있듯이, 내일을 염두에 둔 인간은 스스로 썩을 수 있는 자격을 얻기 위해 춥고 긴 겨울의 시련을 참고 견디는 것이다.[175]

| 겨울나기 |

『주역』에서는 세상을 다스리는 하늘의 법칙을 '원元 · 형亨 · 이利 · 정貞'으로 설명한다. 즉 생명의 으뜸 되는 원리(元)는 봄에 씨(仁)* 를 심는 것이다. 이후 생명이 자라는 과정(亨)인 여름에 꽃(花)을 피운 후라야, 마침내 생명원리가 완성(利)되어 가을에는 열매(果)를 거두게 된다. 그러나 가을에 거둔 열매가 다음 해 씨 노릇을 하려면 반드시 수행할 마무리 절차(貞)가 있으니 그것은 다름 아닌 안으로 익는 성숙의 과정(智)인 '겨울나기'이다.

---

* 우리는 인을 흔히 '어질 인'으로 새긴다. 그러나 인의 본래 뜻은 '씨'를 말한다. 한방에서 살구씨를 행인(杏仁)이라 하고 복숭아씨를 도인(桃仁)이라고 부르는 것도 이 때문이다.

오행(五行)으로 보면 겨울은 수(水) 기운에 해당한다. 그런데 겨울의 수(水) 기운은 흐르는 물이 아니라 더운 양 기운이 추운 음 기운에 의하여 잠장(潛藏)된 상태, 이를테면 멈추어 결빙된 상태로 보아야 한다. 봄의 목(木) 기운은 초목이 얼어붙은 땅을 뚫고 나와 생발하는 기운(生發之氣생발지기)으로 자라나는 모습이다. 반면 여름의 화(火) 기운은 태양의 기운을 의미하는 양 기운이 강성하여 만물이 무성하게 자란다. 그리고 가을의 금(金) 기운은 여름에 생(生)한 음 기운이 자라나면서 양 기운이 수축함에 따라 여름 동안 성장한 열매가 건조하고 냉랭하여 딱딱해지는 것으로 설명된다.[176]

그러나 가을에 금방 따낸 열매는 곧 바로 싹을 틔우는 씨앗 노릇을 하지 못한다. 가을에 거둔 열매는 겨울 동안 땅속이나 창고 안에서 북방의 차가운 기운을 받음으로써 생명력이 최대한 응축되는 '내적 성숙과정'을 거쳐야 한다. 그런 연후라야 열매는 비로소 봄이 오면 새로운 싹을 틔울 수 있는 에너지를 지니는 씨앗이 될 수 있다. 즉, 열매는 겨울을 나는 동안 겉모양은 달라지지 않지만, 속으로는 새로운 생명을 준비하기 위한 치열한 내적 변화를 겪는 것이다.

그러므로 열매든 사람이든 모두 겨울을 지내는 모습은 미래의 새로운 삶을 기대하며 그 때를 준비하는 '고독하고도 외로운 자기심화 과정'이다. 즉 열매가 씨앗이 되어 스스로 썩을 수 있을 때 비로소 새로운 싹을 틔울 수 있듯이, 내일을 염두에 둔 사람은 스스로 썩을 수 있는 자격을 얻기 위해 겨울을 인고(忍苦)의 태도로 참고 견뎌야 한다.[177] 그런즉 겨울은 만물을 키우는 일도 하지 않고 가만히 있는 것처럼 보이지만 사실 겨울의 침묵은 봄과 여름, 그리고 가을 동안의 생명작용을 가능하게 하는 원동력이 된다.

| 결어 |

겨울은 사람의 삶이든 자연의 세계든 꽃으로 피어 열매를 맺기까지 겪어야 하는 아픔과 인내를 일러준다. 그러므로 살아가면서 만날 수밖에 없는 여러 가지 어려움들을 열정과 혼신으로 극복하여 간다면 우리는 언젠가는 겨울을 지나서 오는 봄을 만날 수 있을 것이다. 그러한 봄은 이성부(李盛夫, 1942~2012)의 시구(詩句)처럼 '뻘밭 구석이나 썩은 물웅덩이 같은 데를 기웃거리느라' 잠시 '더디게' 올 수는 있겠지만, 그래서 기다림에 지친 우리가 마침내 '기다림마저 잃어버리고 기다리지 않게 되었을'지라도, 우리 곁에 어느 순간 기어이 오고야 말 것이다.[178]

어쩌면 우리네 인생이란 사는지도 모르게 살다가 죽는지도 모르게 죽는, 한 바탕 어지러운 꿈일 수도 있다. 그런 까닭에 산다는 것은 다만 지나간 시절을 부질없이 추억하고 그리운 이를 하염없이 기다리는 과정일지도 모른다. 겨울은 이러한 사실을 마른 나뭇가지를 스치는 눈보라 사이로 가만히 들려준다.

참고 문헌 및 그림
목록

| 참고 문헌 목록 |

본문에서 참조 혹은 인용한 책자와 논문, 신문기사 등을 본문 중 관련 내용에 부기한 번호 순서대로 그 출처를 정리하면 다음과 같다.

1) 신성수, 『현대 주역학 개론』(대학서림, 2007) p.51 참조

2) 정병석, 『주역 下』(을유문화사, 2011) p.532~533 및 신성수 위 책 p.44 참조

3) 네이버 지식 iN, 『황도와 백도가 무엇이죠?』 중 'chixorud 2님의 답변'참조

4) 정선라 · 이용복 공동 집필, 「계절변화 개념 위계에 관한 연구」 『한국지구과학회지』(한국 지구 과학회, 2013. 8. 30) p.368~369 참조

5) 신성수, 위 책 p.56~57 참조

6) 신성수, 위 책 p.57~58 참조

7) 신성수, 위 책 p.60~62 참조

8) 김기, 『음양오행설과 주자학』(문사철, 2013) p.39 참조

9) 전광수, 「우주의 절대자란 존재하는가 : 음양오행론을 중심으로」 『국제 지역 문제 연구』 제21권 제1호(2003)(부산대학교 국제지역문제연구소, 2003. 9. 30) p.136~137 참조

10) 전광수, 위 논문 p.137~138 참조

11) 전광수, 위 논문 p.139~140 참조

12) 이성환 · 김기현 공저, 『주역의 과학과 도』(정신세계사, 2002) p.296 참조

13) 박종혁 · 조장연 공저, 『주역의 현대적 이해』(국민대학교 출판부, 2011) p.6 참조

14) 송재국, 『송재국 교수의 주역 풀이』(예문서원, 2008) p.243 참조

15) 송재국, 위 책 p.16 참조

16) 정병석, 『주역 상』(을유문화사, 2010) p.46 참조

17) 정병석, 위 책 p.46 참조

18) 박종혁 · 조장연 공저, 위 책 p.3~8 참조

19) 신성수, 위 책 p.64 참조

20) 정순길, 『과학 주역 상』(안티쿠스, 2011) p.144 참조

21) 조지훈, 『시의 원리』(나남, 1998) p.18~19 참조

22) 최진덕, 『인문학, 철학 그리고 유학』(휴먼필드, 2004) 중 「머리글-철학과
    일상성 사이에서」 p.5~6 참조.

23) 박해용 · 심옥숙 공저, 『철학용어 용례사전』(돌기둥, 2004) 서문 중 일부
    인용

24) 정효구, 「생명의 언어, 지예와 지도의 시」 『시인세계』 2008년 가을 호 기획
    특집 '시란 무엇인가' p.74 참조

25) 최진덕, 위 책 중 「머리글-철학과 일상성 사이에서」 p.5~9 참조

26) 하상협, 「시적활동에 대한 철학적 고찰」 『철학논총』 제59집 (2010. 1) (새한
    철학회, 2010. 1. 30) p.355 참조

27) 『漢韓大字典』(민중서림, 2010) p.629 참조

28) 이정우 역, 『철학사전, 인물들과 개념들』(동녘, 2001) p.19 참조

29) 네이버 지식백과, 『두산 백과』 중 「감성」 참조

30) 네이버 지식백과, 『헤겔 사전』 중 「사유(사고)」 참조

31) 네이버 지식백과, 『칸트 사전』 중 「사유」 참조

32) 네이버 지식백과, 『헤겔 사전』 중 「사유(사고)」 참조

33) 네이버 지식백과, 『교육학 용어 사전』 중 「직관」 참조

34) 고중숙, 『수학 공부 개념 있게』 p.76~p.79 참조

35) 네이버 지식백과, 『교육학 용어 사전』 중 「직관」 참조

36) 조지훈, 위 책 p.26과 p.30 참조

37) 손정은, 학위논문 「시적 사유를 통한 심상의 표현에 관한 연구」 논문개요 vii 일부 인용

38) 하상협, 위 논문 p.355 참조

39) 조지훈, 위 책 p.33과 p.36 참조

40) 하상협, 위 논문 한글 요약 참조

41) 하상협, 위 논문 p.371 참조

42) 박이문, 『사유의 열쇠』(산처럼, 2004) p.107 참조

43) 한상수, 「법철학의 본질과 과제」(『인제법학』 제2권, 2011) p.36 참조

44) 황수영, 『철학과 인문학의 대화』(철학과 현실사, 2005) p.24 참조

45) 김영순, 학위논문 「칸트의 '요청'으로서의 신 존재와 신 인식의 문제」 국문 초록 참조

46) 백종현, 『철학의 개념과 주요 문제』(철학과 현실사, 2007) p.169 참조

47) 네이버 지식백과, 『칸트 사전』 중 「감성」 참조

48) 이정우 역, 위 책 p.18~19 참조

49) 네이버 지식백과, 『칸트 사전』 중 「감성」 참조

50) 백종현, 위 책 p.175~177를 주(主)로 참조하고, 이정우 역, 「공간」 『철학 사전 인물들과 개념들』(동녘, 2001) p.31~32 및 장회익, 「공간」 『우리말 철학사전 3』(지식 산업사, 2003) p.65~94를 부(副)로 참조함.

51) 김정운, 「한 단락으로 읽는 '에디톨로지(Editology)'」 (조선일보, 2015. 1. 18) 참조

52) 우상현, 「현대시의 이론−시의 본질」 참조 ※ 네이버 검색 자료임

53) 이창일, 『주역, 인간의 법칙』(위즈덤 하우스, 2011) p.194~195 참조

54) M. Heidegger, EHD, "휠더린과 시의 본질" p.53

　　 ※ 손아영, 학위논문 「시적 사유의 가능성 : 하이데거의 존재 사유와 詩作」
　　　 p.54에서 재인용

55) 김동규, 「시가 아름다운 이유 : 하이데거 시론을 중심으로」 『존재론 연구』
　　 제31집 (한국하이데거 학회, 2013년 봄호) p.113 참조

56) 김동규, 위 논문 p.368 참조

56-1) 엘리엇 지음・황동규 역, 『황무지』(민음사, 2009) p.120 참조

57) 김영욱, 「분수대」(중앙일보, 2013. 4. 18.) 참조

58) 강진원, 『알기 쉬운 역의 원리』(정신세계사, 2010) p.113~114 참조

59) 신성수, 위 책 p.95 참조

60) 고해정, 『사주학 정해 上』(한빛 출판 미디어, 2009) p.304~306 참조

61) 신성수, 위 책 p.100~101 참조

62) 신성수, 위 책 p.103과 p.115 참조

63) 김성모・김정환, 「꽃피고 따뜻하니 봄인가」(조선일보, 2014. 3. 18) 일부 인용

64) 정진환, 학위 논문 「ICT를 활용한 한시 수업모형 연구 : 정지상의 송인을
　　 중심으로」 p.29~31 참조

65) 조동일 외, 『한국 문학강의』(길벗, 2010) 참조

　　 ※ 강경림, 학위논문 「국어교육에서 한시 교육을 위한 교과서 연구 : 정지상
　　　 의 송인을 중심으로」 p.56에서 재인용

66) 정진환, 위 논문 p.31 일부 인용

67) 전송열, 「정지상의 송인 차운시고」 『열상고전연구』 제17집 (열상고전연구

회, 2003. 6) p.112 참조

68) 전송열, 위 논문 p.31 일부 인용

69) 이일재, 학위논문 「정지상과 그의 한시의 연구」 p.40 참조

70) 전재기, 학위논문 「정지상 시문학 연구」 p.74 참조

71) 김은석, 박사학위 논문 「기형도 문학연구」 p.147 참조

72) 김남희, 「이별하기 좋은 계절」(한국일보, 2016. 4. 2.) 일부 인용

73) 림태주, 『이 미친 그리움 : 림태주 산문집』(위즈덤 하우스, 2014) p.14 참조

74) 이명수, 「존재의 공간과 인식의 경계 : 차이의 장소에 관한 시론」 『동양 철
   학 연구』 제74집(동양 철학회, 2013. 5) p.209 참조

75) 장석주, 「장소들의 시-시가 된 그곳」 『시인세계』 (문학세계사, 2013. 여름
   호) p.60 참조

76) 나희덕, 「와온, 매일 해가 죽으러 오는 곳」 위 『시인세계』 p.26 참조

77) 장석주, 「상처받고 신음하는 용들의 노래」 『시인들이 좋아하는 한국 애송
   명시』(문학세계사, 2008) p.189 참조

78) 강신주, 『철학적 시 읽기의 괴로움』(동녘, 2011) p.239 참조

79) 강수미, 「타자성에 대한 깨달음」(홍익대학원 신문 제33호, 2009. 9. 9) 참
   조 ※ 네이버 검색 자료임

80) 강신주, 『철학적 시 읽기의 즐거움』(동녘, 2011) p.414 참조

81) 김우창, 「산에 대한 명상」 『깊은 마음의 생태학』(김영사, 2014) p.273 참조

82) 네이버 지식백과, 『두산 백과』 중 「에마뉘엘 레비나스」 참조

83) 정유화, 『한국 현대시의 구조 미학』(한국문화사, 2005) p.154 참조

84) 우리사상연구소, 『우리말 철학사전 3-감각 · 근대 · 개인』 (지식 산업사,
   2003) p.56 참조

85) 김은석, 위 논문 p.18 참조

86) 강영안 역, 『시간과 타자』(문예출판사, 1996) p.142 참조

87) 김은석, 위 논문 p.18 참조

88) 김은석, 위 논문 p.19 참조

89) 우리사상연구소, 위 책 p.58 참조

90) 강신주, 『철학적 시 읽기의 즐거움』(동녘, 2011) p.143~144 참조

91) 이외수, 『내 잠속에 비 내리는데』(해냄, 2010) p.293 참조

92) 림태주, 위 책 p.13 참조

93) 「사랑의 발명」(경향신문, 2014. 11. 10) 일부 인용 및 림태주, 위 책 p.9 참조

94) 강신주, 『철학적 시 읽기의 즐거움』(동녘, 2011) p.151 참조

95) 최지웅, 『연세 춘추』「죽음, 미래, 시간을 꿰뚫는 '타자성'이란 화살촉」
    ※ 네이버 검색 자료임

96) 강수미, 『행복한 책읽기』 ※ 네이버 검색 자료임

97) 안혁, 「한국어와 러시아어에서 그리움의 개념적 은유」『슬라브어연구』제16
    권 제2호(한국 슬라브 어학회, 2011. 8) p.89~91 참조

98) 이서희, 「유혹의 학교-때로는 느리게」(한겨레, 2014. 11. 01) 일부 인용 및
    참조

99) 박정자, 「박정자의 생각 돋보기-이상(李箱)과 동숭동」(동아일보, 2015.
    10. 03) 일부 인용

100) 김영철, 『말의 힘, 시의 힘 : 김영철 문학평론집』(역락, 2005) p.115 참조

101) 박정자, 위 글 참조

102) 기형도, 『잎 속의 검은 잎』(문학과 지성사, 2010) 표제 글 참조

103) 『기형도 전집』(문학과 지성사, 2010) 표제 글 참조

104) 이정희, 학위논문 「노인의 죽음불안해소를 위한 죽음 준비교육 효과성 연구」 p.12~13 참조

105) 이시우, 「주역의 죽음담론을 위한 시론」 『철학논총』 (새한철학회, 2012. 7) p.438~439 참조

106) 이시우, 위 논문 p.439~440 참조

107) 기형도, 『잎 속의 검은 잎』 (문학과 지성사, 2010) p.154 참조

108) 유형희, 「이상과 기형도 시의 작가의식 비교 연구」 『대전어문학』 (1996. 2) p.277 참조

109) 유형희, 위 글 p.287 참조

110) 유형희, 위 글 p.288 참조

111) 기형도, 위 책 p.154 참조

112) 허상문, 「그리움이 떠난 자리 - 최근 우리 수필의 한 양상」 『수필과 비평』 2014년 10월 호 p.302 참조

113) 유형희, 위 글 p.289 참조

114) 한은원, 「실비아 플라스 시에 나타난 타자성」 『영어영문학』 (한국영어영문학회, 2005 가을) p.501 참조

115) 손혜숙, 「죽음과 타자성-에밀리 디킨슨의 시를 중심으로」 『영어영문학』 (한국영어영문학회, 2004 봄) p.191 참조

116) 한은원, 위 글 p.499 참조

117) 한은원, 위 글 p.501 참조

118) 한은원, 위 글 p.483~484 참조

119) 김진옥, 「레비나스의 시간과 죽음의 타자성」 『영미어문학』 제112호(한국영미어문학회, 2014. 3) p.91 참조

120) 손혜숙, 위 글 p.191 참조

121) 김진옥, 위 글 p.92 참조

122) 김진옥, 위 글 p.91 참조

123) 김정효, 학위논문 「기형도 시의 비극적 세계 인식연구」 p.10 참조

124) 김준오, 『시론』(삼지원, 1997) p.312 일부 인용

　　※ 김정효, 위 논문 p.50에서 재인용

125) 기형도, 위 책 p.142와 p.144 참조

126) 정효구, 「기형도론−차가운 죽음의 상상력」『정거장에서의 충고−기형도
　　의 삶과 문학』(문학과 지성사, 2009) p.271 일부 인용

127) 정효구, 위 글 p.276∼278 참조

128) 이시우, 「주역 생생지위역을 통해 본 유가의 사생관 고찰」『한국 동서철학
　　연구회 논문집』제58호 (한국 동서철학회, 2010. 12) p.161 참조

129) 배영기 편저, 『죽음학의 이해』(교문사, 1992) p.38 참조.

　　※ 서현미, 학위논문 「노인의 죽음에 대한 인식과 불안에 관한 현상학 연
　　구」 p.21에서 재인용.

130) 정연희, 「오정희 소설에 나타나는 시간의 이미지와 타자성」『현대소설연
　　구』제39호(한국현대소설학회, 2008. 12) p.327 참조

131) 조계화 외, 『죽음학 서설』(학지사, 2006) p.17 참조

132) 박해용 · 심옥숙, 『철학용어 용례 사전』「죽음」 (돌기둥, 2004)　p.102∼
　　104 참조

133) 임세진, 「기형도 시에 나타난 소외 이미지 연구」『겨레 어문학』제47집(겨
　　레 어문학회, 2011. 12.) p.239 참조

134) 정효구, 위 글 p.285∼286 일부 인용

135) 박철화, 「집 없는 자의 길 찾기, 혹은 죽음」『정거장에서의 충고-기형도의 삶과 문학』(문학과 지성사, 2009) p.213 일부 인용

136) 권혁웅, 「기형도 시의 주체 연구」『한국문예비평연구』제34집 (창조문학사, 2011. 4) p.67 참조

137) 권성훈, 「사계절의 노래와 다섯 가지 시편」『열린 시학』2015년 봄호 p.317~319 참조

138) 송재국, 『송재국 교수의 주역풀이』(예문서원, 2008) p.87~88 참조

139) 김영철, 『말의 힘, 시의 힘 : 김영철 문학평론집』(역락, 2005) p.185 참조.

140) 김영철, 위 책 p.180 참조

141) 윤복원, 「태양과 지구는 왜 둥글까?」『사이언스 온』(한겨레, 2014. 10. 1) 참조

142) 정유화, 『타자성의 시론』(제이앤씨, 2008) p.160 참조

143) 김열규, 「신화의 공간(1)」『한국문학사』(탐구당, 1983) p.20 참조
　　※정유화, 『한국현대시의 구조 미학』p.169에서 재인용

144) 정유화, 『한국현대시의 구조 미학』(한국문화사, 2005) p.169~170 참조

145) 김근정, 학위 논문「수직 수평 이미지와 조형성 연구 : 본인 작품을 중심으로」p.8 참조

146) 정유화, 위 책 p.170 참조

147) 김혜니, 『박목월 시 공간의 기호론과 실제』(푸른 사상사, 2004) p.26~27

148) 정유화, 위 책 p.170 참조

149) 김근정, 위 논문 p.20 참조

150) 김혜니, 위 책 p.27

151) 정유화, 위 책 p.170 참조

152) 정유화, 위 책 p.375~376 참조

153) 박해용 · 심옥숙 공저, 「죽음」 『철학용어 용례 사전』 (돌기둥, 2004) p.105 참조

154) 정유화, 『타자성의 시론』 (제이앤씨, 2008) p.160 참조

155) 송재국, 『송재국 교수의 주역풀이』 (예문서원, 2008) p.99~100 참조

156) 전광수, 「우주의 절대자란 존재하는가 : 음양오행론을 중심으로」 『국제지역
문제연구』 제21권 제1호 (부산대학국제지역문제연구소, 2003) p.144 참조

157) 전광수, 위 논문 p.140 참조

158) 전광수, 위 논문 p.138 참조

159) ① 송재국 위 책 p.242~243 ② 정병석, 『주역 上』 (을유문화사, 2010)
p.391 ③ 장석주, 「발아를 예비하는 땅속의 씨앗들」 (한국경제일보, 2013.
11. 16) 참조

160) 이시우, 「주역 '생생지위역'을 통해 본 유가의 사생관 고찰」 『한국 동서철
학 연구회 논문집』 제58호 (한국동서철학회, 2010) p.155 참조

161) 이성환 · 김기현 공저, 『주역의 과학과 도』 (정신세계사, 2002) p.103 참조

162) 송재국, 위 책 p.87~88 참조

163) 김남희, 「이별하기 좋은 계절」 (한국일보, 2016. 4. 2) 일부 인용 · 참조

164) 최명원 · 손동현, 「언어(와 어순)에 반영된 시간과 공간 인지의 인식 철학
적 고찰 : 시간 · 공간 부사적 규정어의 어순을 중심으로」 『독일어문학』 제
61집 (한국독일어 문학회, 2013. 6) p.168~169 참조

165) 박영택, 「기억을 머금은 표면」 『박영택의 전시장 가는 길』 (경향신문,
2011. 6. 11) 참조

166) 백욱인, 「역사와 기억이 없는 정보의 공동묘지, 사이버 공간」 (경향신문,
2014. 3. 29) 참조

167) 백욱인, 위 글 참조

168) 강신주, 『철학적 시 읽기의 즐거움』(동녘, 2011) p. 104~105 참조

169) 이은무, 학위논문「김현승 시 연구 : 가을, 고독, 신앙을 중심으로」 p. 1~5 참조

170) 오주석, 『옛 그림 읽기의 즐거움』(도서출판 솔, 1999) p. 131~133의 발문 번역 전문 전재

171) 윤호병, 「한국 현대시로 전이된 김정희 그림 '세한도의 세계'」 『비교문학』 제32집 (한국비교문학회, 2004. 2) p. 225 일부 인용

172) 김영호, 「추사의 붓을 따라 천리를…」에서 전재함

   ※ 유홍준, 『완당 평전 1』(학고재, 2002) p. 395~396에서 재인용

173) 유홍준, 「안목」(경향신문, 2016. 10. 11) 일부 인용

174) 사공홍주, 「작품 속에 나타난 완당 김정희의 예술 세계」 『오늘의 동양 사상』 통권 11호 (2004 가을 · 겨울) (예문동양사상연구원, 2004. 9. 1) p. 332~p. 333 참조

175) 송재국, 위 책 p. 114~115 참조

176) 신성수, 『현대 주역학 개론』(대학서림, 2007) p. 94 참조

177) 송재국, 위 책 p. 116 참조

178) 한혜경, 「겨울이 지나면 봄이 오리니」 『계간 수필』 2015 봄 (수필 문우회, 2015. 3. 1) p. 94~95 참조

| 참고 그림 목록 |

〈그림 1〉 황도와 백도

(표준 국어 대사전 (두산 동아, 1999) p.2587 그림 인용)

〈그림 2〉 지구 공전괘도와 공전속도

(이정모, 『달력과 권력』(부키, 2009) p.190 그림 인용)

〈그림 3〉 수기(水氣)의 음양 작용

(전광수, 위 논문, p.138 그림 인용)

〈그림 4〉 주역의 괘상 구조

〈그림 5〉 고위도 지역일수록 추운 이유

(『뉴턴 하이라이트』「날씨와 기상」 p.21 그림 인용)